創造性的問題解決法

郭有遹 著

【作者簡介】

郭 有 遹

一九三三年生於福建福州

台灣師範大學教育學士

國立政治大學教育研究所碩士

美國馬里蘭大學人類發展學教育博士

現任美國印第安那州、博爾州立大學教育心理系教授。

主要著作有：

《創造心理學》（正中）

《發明心理學》（遠流）

《智能本位教學法》（五南）

《中國天才盛衰史》（國立編譯館）等

自 序

問題，每個人都有。有的問題是無益的：有的是有益的。有益的問題是一種機會。雄才大略的人，化問題為機會，並且化機會為有待解決的問題。

有的問題可以置之不理，有的可以暫時擱置，有的應將之解決。「置之不理」，「暫時擱置」也是一種解決問題的方法，但是需要有洞見的人方可拿捏得準，他們之所以作這種決定，應有其道理，否則便是逃避問題了。

愚蠢的人或精神失常的人經常為自己與他人製造問題。有了問題之後又不會解決。有時卻在解決的過程中，又節外生枝地產生一些問題。這一類的人，一生為問題困擾，豈不悲哉。

方法能使愚笨的人聰明，聰明的人更聰明。這一觀點在第一章第三節的「方法即智慧」一文中已經闡述得很清楚。就問題而言，假如我們能做到以下一種，便算聰明：

• 少製造有礙於達到正當目的的問題；

• 避免會產生無益問題的人物與環境；

• 能預防無益問題的產生；

• 能自己創造解決問題的方法；

• 能解決問題；

● 創造機會，並用方法實現機會。

　　在今日自由貿易劇烈競爭的時代，工商界必須以發明品來
引發大眾（或用戶）的需要。大眾對發明品應用過之後，必定
會產生新的需要。新的需要迴溯回來而導致原發明的改進，而
成爲另一發明。一個新的發明品往往會帶動相關的發明。了解
個人電腦發達過程的人當會了解此中道理。如此上下發展，左
右開通：由發明而創造需要，由需要再導致發明。日新又新，
生生不息，便爲今世的創造之道。

　　總之，需要已不是發明之母。人類的文明已從過去的進化
而進入創化的時代。進化的主要成果是改變自己以適應環境。
創化的作用則在使環境適應人類。其成果是創造了一個新環
境。

　　創造新環境的祕訣在於方法。自從華勒士（Wallas）提出
有名的「創造過程」以及杜威提出問題解決法之後，學術界與
工業界也紛紛提出一些大同小異的問題解決法。創造心理方面
的先驅麥克佛遜（McPherson, 1968）曾經列出十餘種問題解
決法（參見拙著《發明心理學》（遠流））。那些方法可以以下
的「創造的問題解決法」（Isaksen & Parnes, 1985）爲代
表。其步驟爲：

● 確定目標（Objective-Finding）
● 尋找資料（Data or Fact-Finding）（本書改爲問題分
　析）

- 發現問題（Problem-Finding）（本書改爲界定問題）
- 尋求主意（Idea-Finding）
- 尋求解決（Solution-Finding）
- 接受主意（解答）（Acceptance-Finding）

筆者將這些步驟與其他的對照之後，發現各家的步驟都包括在以上六個步驟之中。但以上「尋找資料」排在「發現問題」之前，其目的在於發現問題。所以「尋找資料」這一步驟本書將之改爲「問題分析」；「發現問題」是確定目標的一部分，因此筆者將原來的「發現問題」這一步驟改爲「界定問題」。此外，有的步驟在某一家中解釋的比較詳細，有的步驟則另有最新的資料未包括在各家之中，因此筆者便以上述的步驟爲架構，盡羅爲一般人所可用的良法。過去各家每一步驟都只用兩三段的文字來解釋，在本書中幾乎每一步驟，都有專章或專節討論。茲將各步驟與本書之章節對照如後：

- 確定目標—第三章：發現問題、第六章決策法
- 分析資料—第四章第一節：問題的分析
- 界定問題—第四章第二節：界定問題
- 尋求主意—第二章：發現問題與產生主意的通用方法
- 尋求解答—第二章：產生主意的通用方法

   第四章第一、四節：因素分析與問題界定

   第五章：有系統的問題解決法
- 接受主意—第六章：解答之評鑑與決定

不過，所有的問題解決法都不是一成不變的。不但步驟之次序可以因問題與解決者的經驗而加以變動，而且有的步驟可以省略、增加或修改。我們應將本書所介紹的各種主意產生法與問題解決法，視爲各種工具。有的問題只要一種工具便可解決：有的則需先用一個工具，然後再用另一個工具，像動外科手術一樣，因所需完成的任務而將工具加以組合應用。所以應用本書各種方法的人，必須因問題而擬定解決問題的步驟，然後選用適當的方法來達到各步驟的目的。

　　最後必須聲明的是，應用工具，並不能保證手術成功。但至少可以減輕人力，減少嘗試與錯誤的麻煩。有時解決複雜的問題，在知道問題一時難以完全解決之下，其目的只在減輕問題之爲害，而不在徹底解決問題。在這種情形之下，使用方法的前後，可以自問：用了這個方法之後，會不會比不用好？假如答案是肯定的，即使問題沒有全部解決，該方法便有用了。

郭有遹　謹識
一九九四除夕

目　錄

圖表目次

第一章

人境互動之解決問題之模式

第一節　解決問題者

一、人境互動之解決問題的模式

自從創造心理學家開發出各種各樣的創造方法與問題解決法之後，迄今已有一百多種方法問世。有的方法利用文字或物品以刺激新意，有的則使用方法來解決問題。沒有一種方法將解決問題者（以下亦稱為創造人物）的人格特徵作為解決問題的要素。為了彌補這種缺點，筆者提出〈人境互動之解決問題之模式〉以將人、境與方法融於一爐。不過為了討論的方便，還是分開來談。以下先介紹圖 1-1 中的各種變項。

解決問題的活動起自人境的互動。環境，無論是文化、社會、工作或當時的環境，都存在著許多訊息。有的環境比較著重傳統，訊息與訊息之間比較諧和，生活在這種環境中的人們便不易感到有問題。即使如此，不從俗的人還是能發現問題。

圖 1-1　人境互動之解決問題的模式

有的環境比較著重創新，百家齊放的結果使訊息與訊息之間有所衝突，使一般的人便易於感觸到問題。但即使如此，還會有人，尤其是患有自閉症的人，不會發現問題。由此可見人格因素的重要。

　　發問的行為是人境互動的一種結果，也是解決問題的全程活動中的一種輸入。解決問題的人根據問題的輸入而產生一聯串訊息處理或解決問題的活動。這種活動的結果便是在圖 1−1 中所謂的輸出。

　　以上已先略為介紹《人境互動之解決問題的模式》中各種變項的關係。本章各節對各變項在解決問題中的角色另有詳論：

第一章　第一節　解決問題者
第一章　第二節　環境與訊息的角色（輸入）
第一章　第三節　訊息處理（方法即智慧）
第一章　第四節　輸出（解決問題的成果）

本節茲先討論解決問題者的人格的因素。

二、問題的擁有者與解決問題者

　　在創造心理學與認知心理學的文獻中，「創造」與「解決

問題」兩辭是互相交換使用的。因為創造的過程也是解決問題
的過程，著名的創造心理學家托倫斯對創造的定義（Torrance,
1966, p.6：郭有遹，民72）根本與解決問題的定義無異，所以他所設
計的創造測驗也就是測量解決問題的能力。這種做法就個人的
創造而言，是可適用的，但用之於團體，便須另加辨別問題的
擁有者與解決問題者之差異。

　　筆者之所以將問題的擁有者與解決問題者分開是因為在團
體機關中，擁有問題的人與解決問題的人並不見得是同一主
體。在團體機關中所遭遇的問題，以及所有的發明使命或主
意，係屬機關的所有者所有。解決問題或實際從事解決問題的
人則另有該機關內外的專門人員負責。現今已有很多機關出題
給人研究。他們有時請大專院校的教授研究；也有的請發明公
司來解決問題。在這種情形下，出奇題的人，必須富有創造
性；解決問題的人是否需要富有創造性，則視其所用的方法與
結果而定。但是兩相比較，能夠發現新的而又極有價值的問題
的人，應較解決問題的人更富創造性。此之所以李政道、楊振
寧獲得諾貝爾獎，而從事實驗而解決問題的吳健雄則連第三作
者的名分都沒有。

　　另一種情形是：問題的擁有者與解決問題的人都屬同一
人。單獨從事創作發明的人便屬於此類，除非出題的人另請他
人來合作解決問題。

　　由上所述可知在整個解決問題的過程中，各種的人擔任各
種不同的角色。茲將直接參與的人及其角色與活動列述於下：

　　1.出題者：出題者是發問的人。出題越奇，其所產生的解

答(產品)便越富有創造性。

2. 擁有問題的人：他可能是主動的出題者，可能是被動地遭遇到困難的人，其問題有待於自己或他人予以解決。

3. 解決問題者：他(們)可以是以下的任何一方：

(1)出題的人：獨自創造的人，尤其是文學家、藝術家、哲學家、音樂家等，從頭到底都一概承當創造的任務。

(2)擁有問題的人：自己的問題自己解決。

(3)專家幕僚：為所服務的機構解決問題。

(4)思想庫、顧問公司或發明公司：受顧主所託而組織一個小組以解決問題。

三、解決問題者：個體抑或團體

解決問題者可以分成兩類：個體與團體。大體言之，具有機密性與屬於自己的問題應由自己解決。具有高度個性化的創造應由個體為之；財源有限或時間緊迫者亦應由個體為之。若有以下各種情形，可以考慮由團體來解決：

• 需要集思廣益補己見之不足者。

• 本身力有不逮者。

• 需要由團體執行者。

• 團體之中有專才能士或創造性特高者。

• 時間充足者。

若團體中有重大的阻礙因素，如動機或智慧低落，成事不足敗事有餘者，則不應用團體來解決問題，否則應於該因素取

消後應用之。

在另外一方面，麥克佛遜（McPherson, 1968）等綜合許多問題研究法後，發現它們都需要應用以下三種思考：分析、批判以及創造。不過這三種思考在每一種工業問題的解決法中，所占的分量並不一樣。究竟要用那一個方法以解決問題端視問題的性質，以及解決問題者的個人因素而定，麥氏列出以下幾個問題供給問題解答者以及經理人物參考：

（一）供給問題解決者自行查問的問題

1. 我是否真正要對社會作出一番不平凡的貢獻？
2. 假如要，則我有那些技術、興趣與特徵可以幫助我，或阻礙我達成目標？我該如何改進？
3. 我是否應用我所可獲得的資源以了解自己？
4. 我需要再獲取那些知識以使我成為更好的問題解決者？
5. 我需要再獲取那些解決問題的技術？
6. 假如所期待的酬勞沒有到來，我應如何維持動機？
7. 我是否要尋找助手或專家，以進一步發展我的主意？

（二）供給主管查問的問題

1. 我們是否找到適當的人物，以應付解決問題或創造的需要？
2. 我們是否給他們適當的獎勵以維持動機？
3. 我們是否給他們足夠的時間，在另一方面也顧及到市場競爭的需要？

4. 我們是否有很多人手知道運用各樣的問題解決法？

5. 我們是否讓他們知道我們對他們工作滿意的程度，以及他們的新主意的命運？

6. 我們是否知道機構中妨礙創造的各種措施或因素？

7. 假如我們有一些具有高度創造力的人物，我們是否準備接受他們共同的貢獻？

以上兩套問題透露了很多與解決問題有關的人為因素。這些問題也顯示各工商機關的主管，若期望在高度競爭的環境中生存，必須了解創造心理學，尤其是創造人物的特徵，影響創造的各種因素，以及各種問題解決法。這三大要素都將在本書各章論及，以下先談創造人物的特徵。

四、創造人物之人格特徵與解決問題的相關

過去有很多心理學家曾經研究各科創造人物的人格特徵。這些研究固然都有豐富的成果，但仍遺留一些可資進一步研究的問題。心理學家所謂的人格特徵，其實就是一組行為的類名。我們必須通過一個人的一組一再發生的類似行為來判斷該人的某種人格特徵。由於解決問題包含發現問題，產生主意，搜集資料或實驗研究，解決問題，評鑑結果，與決策等過程，每一過程都須要有一組共同與特殊的行為來完成特定的任務。例如發現問題與搜集資料的活動有一部分相同，也有一部分不同。假如這所不同的部分是使兩項工作有別的一組行為，則我們對這一組行為便可以加上一個類名而稱為某種人格特徵。由於過去心理學家並沒有刻意這樣做，但我們卻不能排除有人在

無意間做過，例如將好問的人稱為具有好奇的人格，因此我們便有一些空間來推論人格特徵與各類解決問題活動的關係。

　　迄今為止，各種研究所謂之創造人物可分四類：一為在創造思考測驗上得分高的學生與成人；二為在文化上有創新成就的人；三為善於解決問題的人；四為不屬於以上三種而被作者稱為創造人物的人。在以上四種中，以前兩種的研究居多。第二種與第三種在解決問題的過程或方法上有很多類似之處，因為文藝與科技上的創造發明也需要經過解決問題的過程。所以本節所討論的創造人物之共同的人格特徵便以前兩類為基礎。

㈠在創造思考測驗上得分高的學生與成人的人格特徵

　　在這個方面最有名的著作首推格采耳與傑克遜（Getzels and Jackson, 1962）對智力高的青年與創造力高的青年的研究。他們以芝加哥大學附屬中學 449 名學生為對象，各給以一套智力測驗，以及一套創造測驗。然後根據結果組成高創造力組與高智力組：前者之創造力在前百分之二十，而智力則不在前百分之二十；後者之智力在前百分之二十，而創造力則不在前百分之二十。這 449 名之平均智商為 132。高智力組之平均智商為 150；高創造力組為 127。這個研究發現高創造力組的學生比較幽默，學業成績比高智力組為高。富於幻想，喜歡選擇富於挑戰性的職業，如發明家、藝術家、太空人等。而高智力組的學生則選擇比較通俗的職業，如醫師、工、商等。這個研究還發現，在這兩組間，教師比較喜歡智力高的學生。至於在成就動機上，這兩組並沒有統計上顯著的差別。這就表示另外還有

其他人格上的差異，使智力高的學生不富於創造力了。

　　繼格采耳與傑克遜之後，華納與可根（Wallach & Kogan, 1965）在一個都市近郊中等階級的學校中，研究了 151 位小學五年級學生智力型與創造型間的人格差異。在智力方面所用的是魏氏兒童智力量表以及其他九種測量智力與學業成就的測驗。在創造力方面，研究者寓創造測驗於遊戲。他們訓練了二位助手，分別與受試者「遊玩」。測驗者「遊玩」時，穿插了十種創造測驗的題目，如「盡量想出瓶塞的用處」、「牛乳與牛肉的共同點是什麼」等。每一種智力與創造測驗的分類，都轉變成標準分數，然後將十種標準分數組織起來而成為智力總分與創造力總分。根據這二種總分，便分成以下四組。然後再研究每一組學生之人格特徵。

1. 高創造力、高智力組：這些學生對於控制與自由，成熟行為與稚童行為均能應付自如。

2. 高創造力、低智力組：這些學生對學校、對自己都有不愉快的衝突，並且受不適合、不受重視的感覺所困擾。但是在無拘無束的環境裡，他們便可開放創造的噴泉。

3. 低創造力、高智力組：這組學生斤斤計較學業成績。若有一次不及格，便視為大災。因此他們不斷地努力，以避免挫敗。

4. 低創造力、低智力組：這一種的學生是迷惑的一群，他們使用各種的防禦機約。如盡力參加社會活動，退縮消極或患些過敏症等，便是著例。

這個研究與前一研究的重要的不同之處，是將測驗的成績

分成四組，而發現智力高且創造力也高的學生具有成熟與稚氣的雙重人格。這個發現與馬斯洛（Maslow, 1956; 1963）所強調的稚氣與創造的關係以及巴侖（Barron, 1969）對成人的研究相似。巴侖認為創造的人物，既有原始性（或野性，primitive）也有文化性，既有毀滅性，也有建設性，比較瘋狂，也比較神志清楚。換言之，他們的人格是矛盾重重。此外，這個研究還發現創造力與智力均高的學生在受管束與不受管束的環境中，均能應付自如。這便表示創造力與智力均高的學生可以在受管束的情況下，尋找發展的空間，創造力高智力不高的學生就沒有這種伸縮性了。這便可以解釋為什麼有的創造者，尤其是文藝復興時代的藝術家與納粹德國的科學家，在很不自由的環境中，還可以創造發明。

我們必須注意的是上述兩個研究所用的創造測驗多半是基爾福特所設計的測量分殊思考的測驗。這種測驗多以「盡量產生或盡量列舉……」的形式為題來測量產生各種各樣主意的能力。因此這兩個研究所發現高創造力組學生的人格特質：重視幽默，富於幻想，稚心很重，喜歡選擇富於挑戰性的職業等，與產生主意的能力的相關比較多。但其中「喜歡選擇富於挑戰性的職業」一項則與整個解決問題的工作有關，因為問題越多的職業便越有挑戰性。

在另一方面，托倫斯（Torrance, 1962）曾經從許多研究與測驗中擷取 84 種創造人物的一般特徵，其中最重要者有 34 種。他所列的特徵可視為創造人物人格特徵大全。後來其他研究者所列的都是大同小異，沒有必要另加介紹。這個「大全」並不

表示富於創造力的人物都有以上所列多數或所有的特徵。

　　茲將他的 34 種與以上幾個研究所發現的合併起來列於表 1-1，並用×記號以表示在理論上與解決問題各階段應有的顯著相關。假如與兩個以上的階段都有相關者，則取其最相關的兩項記之。

㈡在文化上有創新成就的人之人格特徵與解決問題的相關

　　用測驗所測量到的創造思考是一種潛能，具有這種潛能的人不見得都能，或有機會，將其體現為創造的成果。換言之，他們解決問題的能力有多大，尚未經證驗。幸而另有一批研究者（Roe, 1949a, b; 1951; 1952; Barron, 1969）以在文化上有創新成就的人為對象而研究他們的人格特徵。其中所用的方法最嚴謹者首推加州大學巴克萊校區人格測量研究所麥金能（Mackinnon, 1962）與巴倫（Barron）等人對成名作家與建築家所作的研究。他們所研究的對象都由該科的專家推薦，然後被邀請到加大居住一個週末以供觀察測驗。在科學家方面，則由巴倫（Barron, 1969, p. 102）綜合各專家對社會科學家與科學家研究的結果而歸納出十項特徵。茲將麥金能與巴倫研究的結果列於表 1-2（見次頁）。

　　我們從表 1-2 已有成就的作家、科學家與建築家的人格特徵中可以歸納出他們共同的人格特徵如下：

- 重視獨立自主。
- 智能高超。
- 酷喜智慧活動。

這三項共同的人格特徵都與整個解決問題的過程有關。

表 1-1　在創造思考測驗上得分高者的人格特徵與解決問題
　　　　各階段的相關

（在各階段下有×記號者便表示在理論上應有高於其他三項的相關）

人格特徵	發現問題	產生主意	搜集資料	解決問題	評鑑	決策
愛凌亂	×					
價值分明					×	×
有自信	×					×
有冒險精神	×					×
使機關困擾	×	×				
有使命感	×			×		×
熱情		×	×			
易鬧情緒		×				
有幽默感		×				
顧及他人						
挑剔	×				×	
規避權力			×			
經常受困惑	×					
不懼有異於常人	×				×	
眞誠						×
受混亂所吸引	×					
愛獨處			×			
自動自發	×	×				
受神秘所吸引	×					
獨立判斷	×				×	
頑固					×	×
害羞			×			
生活失調						
偶而退縮			×			
建設性批評					×	×
永不厭倦	×		×			
空想	×	×				
盡責			×	×		
多問	×					
多才多藝	×	×				
不拘禮敎	×	×				
有些獷野之性	×					×
有超越的願望	×					×
喜歡不同意見	×	×			×	

表 1-2　在文化上有創新成就的人的人格特徵與解決問題各階段的相關

（在各階段下有×記號者便表示在理論上應有高於其他三項的相關）

人格特徵	發現問題	產生主意	搜集資料	解決問題	評鑑	決策
文藝學家（ Barron, 1967 ）						
智能高超	×			×		
崇愛智慧活動	×			×		
獨立自主	×					×
表達力強				×		
多產	×			×		
有哲學興趣	×	×				
自期很高	×					
多方興趣	×		×			
聯合觀念極強	×	×				
極具風趣		×				
直率而坦白	×					
行為合乎倫理					×	×
社會科學家與科學家（ Barron, 1969 ）						
情緒穩定					×	×
獨立自主	×					×
自制力強					×	×
智能高超	×			×		
求知慾強	×			×		
主意極強					×	×
思想不從俗	×			×		
不喜社交			×			
喜向未知下賭注	×					
重方法，有條理			×	×		
建築家：四十位在美國最富創造性的建築家（ MacKinnon, 1962 ）						
崇美					×	×
自期很高	×					×
獨立自主	×					×
多產	×			×		
智能高超	×			×		
酷喜智慧活動	×		×			
可靠負責			×	×		
多方的興趣	×		×			
批評與懷疑性					×	×

㈢對創造有負相關的人格特徵

除了需要知道與創造有正相關的人格特徵之外，我們還須知道有那些人格特徵對創造有妨礙。從事創造者最忌有成見、思路閉塞、眼光狹小、患有褊狹症或刻板症。有的人智力很高，富於進取，自信心很強，有冒險的精神，也有使命感。凡此種種，都表示這些人在創造方面大有前途，但是他們對一些事物，卻有固定不變的成見。若這種成見是一種錯誤的偏見，則他們可以用其智力以及冒險的精神，很有自信地來證明、推銷，或實現那種成見。若是這種事情發生在具有權力野心的身上，則他會成為一個教頭或獨裁者；若發生在一個社會科學的研究者身上，則他也會自圓其說，或許還會成「一家之言」，轟動一時。但其新鮮性消失之後，便經不起人們冷靜的考慮而煙消雲散了；若發生在科技家身上，則很快地會自食其果，浪費很多金錢與人力。

所以，有一些得道家精髓的理論家，如馬斯洛等勸人「先無為而後有為」。從事科技研究者在創造初期，或者是在發現問題，收集資料的過程中，必須處於謙虛、被動、不選擇、不要求、不批判，清虛無為地感受所處理的資料，尤其是在正反兩方面的訊息收集齊全之後，才開始有為。

此外，從眾性或人云亦云（conformity），也是創造的最大剋星，克拉屈菲爾（Crutchfield, 1962）認為這有二大原因：對從眾者來講，從眾的壓力可以獎勵人云亦云的行為。從眾者在給予反應（例如意見）之前，會先揣度他人會怎樣作答，然後自己表示

意見。由於他的意見會引起他人共鳴，他的從眾行為便得到可喜的結果。此外，克氏認為有些人有其他的人格特徵與從眾性有很高的相關。這些特徵是：焦慮、固執、自我不夠強、缺少自動自發性、不忍受歧義性（intolerance of ambiguity）、俗見很深、自卑、依賴他人，以及過分地依賴正規或平常的價值觀。這些人格特徵都與創造有負的相關。照此說法，便有二種從眾壓力：一為環境要求並獎勵從眾的行為；另一為某些人格特徵使人易於從眾。前者較後者易於改變。但這並不表示很容易就可改變。世界上有些文化是依照某一種宗教觀或哲學觀所設計這一種文化缺乏伸縮性，並且富於排外性。行之有年，已成騎虎難下之勢，但是環境若限於一個小範圍之內，如工商企業機關、工廠、教室、研究室等，則比較容易改變從眾性的壓力。

總之，問題多半是由人所製造的，問題不會自行解決，而是需要靠人來解決。由於有很多人或多或少都具有與創造有負相關的人格，創造學家便設計了各種各樣的方法（詳見第二與第三章）來克服思路的閉塞，以開放創造的噴泉。

第二節　環境與刺激（資訊與創造）

問題產生在環境中，解決問題的人也在環境中。我們要研究創造發明以及解決問題的方法，就必須探討產生問題以及產生解決問題者的環境。

產生問題以及產生解決問題者的環境可分成間接與直接兩層。間接環境為解決問題者所受教養的環境。它包括文化社

會、工作機構、學校與家庭。直接的環境為問題所發生的環境，它包括與問題有關的各種訊息刺激，其中尤以陳述在面前的問題（例如老師所給的）最為直接。以下先談間接環境。

一、間接環境

間接環境也有人稱之為宏觀環境。這種環境雖然包括了文化社會、工作機構、學校與家庭，但還是以文化社會最為重要，因為其他各種機構如學校與家庭等都是傳遞文化社會的價值，以使兒童達到社會化的機構。凡是文化社會所著重的價值，學校與家庭也必定要使之在兒童身上體現。

如本章第一節所討論，獨立思考是促進創造最重要的一種人格因素。智力固然也非常重要，但是有智力而沒有獨立思考，則智力便被用來了解與詮釋，而不用來創新。所以本節便只討論文化社會環境與獨立思考以及創新的關係。

我們先從遠而大的民族文化來說，陶思比（Toynbee, 1934-54, p. 215）於其巨著《歷史研究》一書中的結論中認為一個民族，極端地陶醉於某種價值，或沒有什麼令人醉心的價值，都不會激發創造。極端地陶醉於某種價值者，勢必產生極為專制的政體與控制思想的社會。這種社會所造就的兒童也便缺乏獨立的思考。極端地不陶醉於某種價值者，尤其是連拜金主義的人都沒有的社會，則社會便沒有一種力量來聯合一組的人民來從事困難重重的創造。奈及利亞的第夫（Tiv）與印第安朱乃族的社會，其宗教觀、人生觀與社會結構等都是層層相續，系統井然，數千年獨尊於一體，非常缺乏創造性。

在另一方面，近代心理學上的各種研究顯示凡是不鼓勵獨立思考的社會，其學生在創造思考測驗上的分數都較著重獨立思考的社會（尤其是美國）的學生為差（見郭有遹著《創造心理學》）。各研究者所用的創造思考測驗，最能測出產生各種各樣主意的能力。

由上可知，要是各種的社會環境都著重創新與獨立思考，其人民便富於創造，對於本書所介紹的各種方法也易於接受。反之，若是各種的社會環境，尤其是工作的環境，都有以下一些亞當斯（Adams, 1985, p. 53）所列的阻礙創造的因素，其人民便應常用本書所介紹的方法來增加創造力。

㈠文化環境上的阻塞

1. 禁忌。
2. 恥笑夢想、深思、懶惰、狂狷。
3. 只容小孩有稚氣與玩心。
4. 缺少幽默，認為解決問題是一件很嚴肅的事情。
5. 輕視感覺、直覺、求樂與價值判斷；而重視理智、邏輯、數字、功用與實務。
6. 尊重傳統，不求變新。
7. 普遍地認為任何問題都可用科學方法與金錢來解決。

㈡環境上的阻塞

1. 同事之間缺少互信合作。
2. 主管專制，倚重自己的主意而不獎勵他人的主意。

3.有許多如電話串門子之類的不必要的干擾。

4.缺少支持以將主意付諸實現。

我們自幼在文化環境中成長，或多或少都會受到一些阻塞。富於創造的人受到的阻塞較少。即使有所阻塞，也會不知不覺地用一些不成文的方法來衝破框框。他們若是應用本書第二與三章中所介紹的方法，應會更富於創造。至於受阻塞較多的人，就更應常用方法，或越過阻塞以衝破框框，進而開放創造的噴泉。

二、直接環境

近來有一些行為心理學家研究個體在與環境交互控制的過程中如何產生新的產品。早期行為主義者對創造的研究大多應用巴夫洛夫的制約原理，尤其是刺激與反應的各種複雜的關係，作實驗的設計與解釋。這一學派的著名大師霍爾（Hull, 1952）認為刺激與反應的關係有兩種：分殊機約（divergent mechanism）與匯合機約（convergent mechanism）。前者由單項刺激產生多項反應；後者由多項刺激產生一項反應。每一項刺激或反應都可能是一項，一類，一系列，或一組層次井然，高低有序的序列（hierarchy）所組成。各種分殊機約與會通機約綜合成習慣序列群（habit family hierarchy），人類的思考便是由許多組習慣序列群所組成。

馬茲門（Maltzman, 1955; 1960）在其「行為主義的思考論」與「創新行為的訓練」兩文中應用上述霍爾的概念以解釋高層的思考行為。根據他的解釋，在序列群中存在著一些對問題（刺

激）的可能反應。在解決問題的過程中，若是單項刺激（例如老師所出的問題）詞意太廣，便會引起一系列的分殊反應。如此則引起對的反應的可能性就比較低。在這種情形下，老師必須在問題中多加詞語以使問題的範圍縮小，意義明確。用行為主義的名詞來說，便是多加與問題有關的刺激，以期在匯合機約的情形下，產生（控制）對的反應。在另一方面，學生得到老師的問題之後，其反應序列受問題中一序列的刺激所控制，而一再重組，因此其得到對的反應的可能性便告增加。

各種對問題可能的反應有各種不同程度的支配力（dominance）。對問題的最先反應，其支配力最強。例如問到磚頭的各種可能用途時，最先的反應往往是建築類。換言之，對該問題而言，建築類的反應，支配力最強。若是該反應不是對的或者是不被接受的答案，其支配力便受抑制，繼之而起的便是支配力次強的反應。如此一試再試，一直到有一原先支配力較弱的反應（例如將磚頭打碎而鋪在花圃上以增加美觀），變成最強而終被接受時，該反應便是「對」的答案。由於產生這一類答案的次數很低，換言之，其可能性不高，它便是新穎的反應。新穎（originality）與創造（creativity）不同，前者是不平凡的反應；後者是不平凡而被社會所接受的反應。前者易於研究與訓練；後者則受很多個體與環境交互關係（或控制）的因素所影響，加以辭意過廣，早期的行為心理學家多不用這一名詞。

如前所述，行為主義者一向認為行為是受環境中特殊的刺激（stimulus）所控制。有刺激便有反應。有新的刺激便有新的反應。個體既然受刺激所控制，則同樣的刺激，對不同的人應

產生同樣的反應。各人產生的反應既然都是一樣，就沒有創造可言。由於有這種理論上的困難，斯隆等人（Sloane, Endo, and Della-Piana, 1980）便從過去對現代舞以及詩歌創造的行為分析中，應用斯金納（Skinner）的「非正規控制」（informal control，有的文章中亦稱 informal stimulus control）這一概念以解釋創造的行為。

　　一般所謂的反應，係受單一的刺激所控制，可稱為「正規控制」（formal control，或 formal stimulus control）。見狗說狗，見貓叫貓。這種答對的反應，受社會所獎勵，而反應的適當與否，也受社會所決定。但是有的反應是受一組或多項刺激所控制，這便屬於「非正規控制」。非正規的控制便產生非正規的行為。非正規的行為便是創新的行為。

　　以現代舞為例，斯隆等人曾經實地觀察一班學生學習現代舞。該課的教學目標在使學生能化動作的潛能為動作語言，表達芭蕾舞的可能性，以及日常生活的意義。研究者將這一項目標細分為六項計分標準：準備好的狀態、集中精神、自動自發、發明、警覺敏感與記憶。當學生舞蹈時，教授必須就以上六項標準指出學生舞蹈的優點與缺點。結果發現準備好的狀態，集中精神，自動自發，以及警覺敏感與舞蹈者之舞藝沒有任何相關。反而是音樂以及同隊舞友的舞步對舞藝有所影響。由於這一發現，研究者便將注意移到舞蹈環境中與舞藝有關的各種條件（亦即刺激）上去。結果發現在該教室中有些因素，如音樂等，控制了舞蹈的時機以及特別的舞步。這些因素的組合並不固定，因此可斷定為非正規的控制。

　　由此，斯隆等人便進一步地用「非正規控制」這一因素來

解釋促進創造的環境。舉凡文法、禮法、家法、國法等都是正規的控制。有的環境具有很多，甚至有很嚴密的正規控制。有的環境則比較少。正規控制比較少的環境便有較多非正規的控制，因此便易於誘發創新的行為。舉凡個人的身心狀況，以及當時當地與創作有關的情境與訊息刺激，尤其是他人的反應，都屬於非正規的控制。這些非正規的控制也就是新行為主義之父斯金納（Skinner, 1957）在其《語言行為》一書中所說的「複合因素」（multiple causation）。語言行為中所表現的幽默、雋語、詩詞、警句等都是受「複合因素」所影響。

在另一方面，麥尼克（Mednick, 1962）則提出關聯或聯想（associative basis）說以解釋創造的過程。他認為創造思考是將元素聯結起來而形成一種有意義或有用處的新結合的過程。元素與元素之間的關係越疏離，則所形成的有意義的結合便越富創造性。例如一般人對蠟燭的聯想多為：光、夜、停電、拜拜等，而鮮為眼淚。將蠟燭與眼淚兩元素聯結起來而成為「蠟炬成灰淚始乾」一句詩，便是一個有意義而奇妙的結合。一個人對問題中的要素所具有的聯結越多，其達到創造解答的可能性便越高。基於這個原理，麥尼克編成一種「聯義測驗」以測量創造力。

行為學派的心理學家還認為創造就是解決問題的過程。不過問題有難有易，其範圍有大有小，他們先就小而易者解釋之。斯金納對問題的界定非常有趣且令人深思。他說：

「當某種條件會成為具有誘惑力，而當事者缺少產生

那種條件的反應時，該人便有了問題。當他產生這種
反應時，問題便告解決。……當然，解決一個問題並
不只限於釋放對的反應；它還包括採取各種步驟以使
那個反應更可能產生，而那些步驟往往是（通過）改變
環境而使反應更易於發生。」（Skinner, 1974, p.123）

這裡所謂的環境，可大可小。但主要是指所需處理的環境中的
刺激品而言。例如忘記一個人的姓名是一個問題，想去記起或
查詢該人的名字便解決了這個問題。假如要知道兩物是否相
同，就必須將兩物（刺激品）並排於前（亦即改變環境）以便比較。
換言之，要解決一個問題，就必須將與問題有關的環境條件按
序就班地一一予以改變，以增加對的反應的可能性。其程序通
常包括清除問題中無關的刺激，選擇與重組有關的刺激，證驗
各種關係等等，對的反應往往便是對環境的最後一個改變。

據此，則創造發明便是一個改變刺激品的過程。受改變的
刺激便是一個新刺激。新刺激產生新反應，而新反應則又產生
更複雜的新刺激。如此生生不息，創造發明於焉產生。

三、結　論

行為主義的創造觀，除了用詞與否認有內在因素的立場之
外，其對於創造的定義與訓練創造的方法與其他學派的主張並
無不同。有幾位行為心理學家（Gentile, Frazier, and Morris, 1973）認
為拓倫斯（Torrance, 1970）所設計的「在教室中鼓勵創造的方
法」，其中有特別注意並獎勵創造的行為，提供有趣的教材與

例子等都很合乎塑造行為的原則，只是有些方法沒有應用行為主義的語言。原來拓倫斯所說讓學生有自由嘗試各種新東西而不必為分數耽心等等，被行為心理學家重寫為：建立一種情境以使創新的反應易於產生。而認知心理學家如基爾福特、拓倫斯等對各種思考與創造的定義也都充分地行為化。除此之外，另有以班碼拉（Bandura, 1971）為首的社會行為學派則有折衷於新行為主義與認知心理學之勢。他認為並非所有的人類行為都直接受外在的刺激或獎賞所控制。個體可以藉由自己所產生的期望（self-generated anticipatory）以及對後果的自行評價（self-evaluative consequences）而在某種限度之內控制自己的行為。從事創造的人，為自己訂立某種成就標準。當其創作的行為不合其自己所訂的標準時，便感痛苦；當其一點一滴地建立其成就標準時，便自得其樂而增強其創造動機了。這個理論的確可以解釋為什麼有一些人如司馬遷之類可以在沒有直接獎賞的獄中從事創作。

　　從以上行為主義的創造論可知，在一新的環境中，一組新的刺激便會招致一組新的反應。新的反應便是創新的行為。如此，積少成多，化無系統而為有系統，創作便告產生。不過從簡單的創新到劃時代的創作，尚須有以下六項條件：

　　1. 具備大量的專業行為（知識與技巧）。

　　2. 經常經驗到新的刺激。

　　3. 經常對新刺激產生新的反應，從新的反應得到快感而又產生更多的新反應。

　　4. 自訂成就或創造標準。

5. 新的反應改變了環境，而產生了新的刺激。

6. 將有關的新舊行為組成系統而成為完整的創作。

7. 該創作被社會所採用或讚揚。

8. 受讚揚的創作在社會中起示範作用，而刺激他人的創新動機；而該創作本身亦成為新的刺激，成為他人新反應的資源。

　　用以上八項條件為基準來研究創造者的創造過程，當可證驗行為學派的創造論。總之，創造發明是一個改變刺激品的過程。受改變的刺激便是一個新刺激。新刺激產生新反應，而新反應則又產生更複雜的新刺激。如此生生不息，創造發明於焉產生。

第三節　方法即智慧

　　本節的目的是在闡述方法與形而下的智慧以及成功的關係。形而下的智慧有很多種：有學習力、創造力與決斷力等。這些能力的共同點是用巧妙的方法來解決學習、創造、決策與執行的各種難題。一個人在沒有困難的時候，不會用巧妙的方法來解決問題。有財勢的人，遇到難題的時候，用財力或勢力來解決問題。他們雖然也用了方法，但卻不是巧妙的方法，顯示不了什麼智慧。方法之巧，在於不可為之時而為，不會勝之處而勝。《孫子兵法》之所以可貴，就是在於全書充滿了奇策妙計，兵家在大敵當前的時候，總要將之研讀一番。自覺毫無問題的人，往往不用妙計。曹操以鬼計多端聞名於世。望梅止

渴、借刀殺人等都是他的鬼主意。但是他在赤壁之戰，並沒用
什麼兵法，自信投鞭可以斷流，一心要以大吞小，以硬碰硬，
便敗於孔明與周瑜的妙計了。

一、方法是自我的擴大

人類的體能有限，在天不如鳥，在地不如狗，入水不如
魚。但是人類憑智力而發明工具，乘飛機而上天，坐潛艇而下
海，開汽車而馳騁，大大地超越了體能的限制。有很多的工
具，可以說是手腳的延伸，體能的擴大。

也有很多的工具可以使技能高超。以前須要靠有才能的人
方可做到的打字、計算等的工作，今日普通人只要使用一個電
腦軟體便可做到，而且會做得更快更好。今日，以交響樂作為
電影的背景音樂，可以不必真由樂隊來演奏，而可以由一部以
電腦控制的樂器來操作。電腦可以說是人腦的延伸。

在以上所說的這些工具的背後是一大堆的方法知識。即使
其中有很多知識，富於創造性的研究者也都將之化為方法了。
古人有「化識成智」之說，這裡所謂的「智」，應該是待人處
世的方法了。否則今日則須另加一項，那就是「化知識為方
法」。

二、方法與勝敗

台灣有首名歌：「愛拼才會贏」。笨哉斯言，與愚公移山
同出一轍。善贏者不愛拼。他們以四兩撥千斤，以柔道勝霸
道。《孫子兵法》中有以「下駟鬥上駟」之法。就是說不要以硬

碰硬，而應以己之下駟和對手的上駟比賽，輸一場；此後以上駟鬥中駟，以中駟鬥下駟，可贏兩場，結果穩操勝算。實際的賽法，不見得如此，但在牌戲時，用小牌去填對手的大牌，便是用「下駟鬥上駟」之計。

現代富商大賈的致富史，便是方法驗證史。現在世界各工業國家都有麥當勞漢堡快餐館。這個製造最多百萬富翁的公司並沒有發明什麼可以發財的新產品，有許多快餐館的漢堡要比麥當勞的好吃。它主要是設計一套經營的方法來滿足顧客的需要。有意開麥當勞店的人必須花數十萬元美金向總公司購買經營權。他們所購買的主要是其聲名與經營的方法。而其聲名本來就是從方法上獲得的。

有「經營之神」之稱的王永慶，便是善用方法的人。他於十五歲在嘉義一家米店當小工時，便細心觀察老闆經營米店之道。十年之後，便自己開店。他首先提高米質，去除米糠砂粒，並加強服務品質，送米到家。他並且記下每家客戶的人口數、每天的食米量以及米缸的容量等。根據這些資料，他便可以在客戶於食米快要用完之前就將米送去。在另一方面，他還記下客戶支薪的日子。等客戶領薪之後方去收米款。這種做法，一方面可以套牢現有的客戶；另一方面還可使生意滾滾而來。在美國，有許多公司在頻臨倒閉之際，便更換主管，以收振衰起敝之效。這類「經營之神」所用的祕訣，只不過在更換經營的方式而已。在自由競爭的時代，能以妙法獨闢蹊徑者，便操勝算。即使在選美競爭，也不例外。能榮登各州小姐寶座的佳麗，在一般條件上都難分軒輊。但美國德州（Texas）曾經

連續五年奪得美國小姐的頭銜。這是因為那些德州美女都是由
——儀容訓練公司教導出來的。在競爭激烈的情形下，不出奇
招便無法制勝。

　　反之，有許多有大志而無良方的人，便遭遇到失敗的命
運。西漢的賈誼，年二十餘便博通諸家之書，文帝召以為博
士。皇帝交議的事情，老臣所不能應對的，他都能一一作答。
因此很快地便超升至太中大夫。賈誼受此知遇，益加英姿煥
發，不但奏改官名、法令，而且建議削弱諸侯權力。文帝大為
欣賞，想封予公卿之位。這便使朝中大老，如周勃、灌嬰、張
相如、馮敬之等大為氣憤。他們在皇帝面前讒說賈誼「……年
少初學，專欲擅權，紛亂諸事。」於是皇帝便與賈誼疏遠，並
把他派為長沙王太傅。一代長才，便自此從官場沉沒了。北宋
的王安石，較賈誼幸運，得有機會親自推動變法。但亦因大臣
的反對與用法的不當，也遭受失敗的命運。假如這二位改革者
能夠先設法聯絡大老，而後逐漸推動改革，則成功的機會便大
大地增加。他們之所以沒用這種方法，大概是自持有皇帝支
持，便忽略在大臣那裡做工夫了。

　　專欄作家吳心柳在其《方法》一文中對方法與勝敗的關係有
很多精闢之論。茲將其精采之處摘錄於後：

　　　「凡是能成大事，立大功且能長久領先，一直進步不
　　　衰的，不僅他做出來的事是第一流的，連做事所用的
　　　『方法』，也必須是第一流的。」
　　　「大體說來，第一流的、最高層的知識是所謂之『方

法知識』，如牛頓、達爾文、愛因斯坦……他們所發
明的也許只是一個原則，一個公式，一組符號，但那
都是屬於『方法知識』的；易言之，就是他們發明了
『發明的方法。』」

「如果……能體察或理解一些（哪怕一點點）方法知
識的奧祕，則此人的思考見解，便可能較同輩高出一
些；也容易培養出創造力，開發出較寬廣的局面
來。」

（摘自中央日報七十四年六月九日副刊）

　　方法的重要性已如上述。其與智慧的關係，亦已略露端
倪。如前所述，能夠用巧妙的方法來解決學習、創造、決策或
執行的各種難題者便算有智慧。以下便逐一敍述其與方法的關
係。

三、方法與學習

　　學習是從不會到會的過程。從不理解到理解（包括不會做到會
做），不會記憶到會記憶，都是有方法可以增進的。理解（包括
方法之知）加上記憶便是知識。知識是智慧的基礎。

　　有關方法與學習的關係，以及各種的學習方法，筆者在
《智能本位的教學法》（五南）中已有專論。茲略舉數法，以見兩
者的關係。

　　多數的知識是從書籍上得來。讀書必須先了解字義而後課
文，字義不了解可以查字典。字典便是一種工具（方法）書。字

義中最重要而最難了解的是類目概念（class concept，又稱類目名詞）與抽象概念（abstract concept）。這兩種概念若屬專門名詞，則即使字典上有解釋，也不見得會使人了解清楚。其原因在於字典往往只給字義，而不給正例與反例。茲以正三角形為例，以解釋了解類目概念的方法：

1. 先了解定義：三角與三邊均相等的三角形。

2. 再列舉其有別於類似類目的特徵：三角與三邊均相等。

3. 另以正例予以驗證：取一正三角形以與上述類目特徵互相印證。

4. 最後尋其似是而非的反例以知其所不是：等邊三角形。

這個方法中最難而又最易被忽視的是第四項。從認知心理上說，不知所非，便不知其所是。等邊三角形是正三角形的似是而非的反例，而不是任何三角形；狼是狗的似是而非的反例，而不是貓。不知狼，焉知狗。否則一個學生粗知狗的定義與屬性，但卻指狼為狗，便不真正知道狗之所以為狗了。所以在學習類目名詞時，必須主動在書中或書外尋其似是而非的反例以資識別。

了解字義之後，便可用貫聯、比較、分析、討論與評鑑等各種方法來了解課文。貫聯是與過去的類似知識印證，並探討其來龍去脈以及在歷史上的意義；比較則可用以查明兩則信息間的異同。分析是將整體分成部分，然後研究部分（事實）與部分（事實）、部分與整體（文章標題與目的）的關係。讀者還可以用六 W（who、what、when、where、why、how）法來分析人、物、事、時、地、目的與作法等相互間的關係。為免百密一疏，尚

可與師友互相討論，以增益對課文的了解。在貫聯與比較分析的過程中，讀者還可應用評鑑思考來判斷文義間的一致性（沒有矛盾）與事實的真實性。

以上只是略舉一些有助於了解閱讀的方法。實際所有的當不止於此。一般人常在不知不覺間用其中的一、兩項。若能就上述的方法學而時習之，必有助於對閱讀的了解。

以學習的先後次序來說，是先理解而後擇其需要記憶的加以記憶。不懂各種記憶法的人，經常以背誦為記憶的方法。豈知即使背誦，也有良方。短的詩文可採全文背誦法，從頭到底，反覆背誦。長的則取分段法，然後再連接各段。背誦時，也應考慮時間的分配。採集時制的人，集中在一段時間將課文背好；採分日制者，則分數天背誦之。後者雖然用的時間比前者多，但較不易忘記。

最難記的材料是像十二生肖那種不相關的序列訊息。這種材料有時不但需記訊息的本身，還要記其順序。在中文方面，一般常用歌訣來幫助記憶。在英文方面，除了歌訣外，還有第一字母法，亦即將所要記的名詞的第一個字母連起來，成為一個字或比較易記的一堆字母。例如要記美國與加拿大交界的五大湖：Huron, Ontario, Michigan, Eric, Superior，就可將各字的第一字母連起來成為 HOMES 字，便極為易記了。這種方法也可予以變通，將第一字母換成一個字，然後將字連起來成為一個有意義的句子。如是做法，記憶該五湖的句子便為：Her superior owns many estates。

認知心理學家發現人類會自動地將訊息依其共同特點分門

別類。男性、女性、好人、壞人等都是類名。一個人的認知結構便是由個別單位集成小類，互相平行的小類結成中類，相似的中類組成大類，大類而更大類。當然，不是每個人的認知結構都是一樣而合乎邏輯。但是各類的類名則可用以記起屬於該類名項下的個例。明乎此，我們便可於事前將所要記的許多訊息分門別類，然後逐類記憶之；也可以於事後用來憶起屬於該類目項下的訊息。前者稱為分類記憶法；後者姑名之為分類回憶法。無論是那一種方法，當須要記起所已經記憶的訊息時，便首先記出類名，然後一一回憶屬於該類目的訊息。當記不起一個人的名字時，可以先從可能的類名中去找。譬如說「那個江西人叫什麼名字？」、「那個教書的叫什麼名字？」等等。在寫論文、答申論題前，先擬大綱，後述理由，也有同樣的效果。同理，假如有人問你將所知道的動詞都在二十分鐘以內列出，而你每記起一個，便說出一個，就會漏掉很多個，而且會浪費很多時間。但你可用分類回憶法，先將動詞分成手、腳、口、鼻等等，然後列出屬於手的動詞、腳的動詞，如此類推，所漏者少，省時亦多，方法之妙，存乎一心。

有關閱讀與發展思考的研究顯示若學生具有基本的知識與思考策略，尤其是後設認知，其學習的能力便大為增加。（Armbruster, et al., 1983）成績差的學生若受過思考與學習策略的訓練，學業成績也會增加。（Brown, 1980; Hansen and Pearson, 1983; Weinstein and Underwood, 1985）。有些研究發現成績好的學生有用特別的思考與學習策略。（Anderson, 1980; Herber, 1978）反之，成績不好的學生則沒用學習策略或用了不中用的解決問題的策略。

（Larkin, 1983）加勒各（Gallagher, 1965）與泰葩等（Taba et al, 1964）都曾分別報告過教師在教室中所問的問題與學生思想過程的相關。

四、方法與創造

創造是可以學習的嗎？

這個問題的答案端視我們對創造的定義而定。假如創造是指產生新穎的產品而言，創造是不能學習的。假如所指的是方法，則創造是可以經由學習而增加的。

創造便是創新發明。我們不必與蘇東坡、愛迪生那一類的大天才相比，也不必埋怨沒有靈感。一個人只要有中等的才華，就可以享受日日新又日新的樂趣。此中的祕訣，就在於應用方法。假如所創的是主意，可用腦力激盪法、強迫組合法或屬性枚舉法；所想的是解決難題，可用問題解決法。問題解決法也可用於發明。

自從華勒士（Wallas）提出有名的「創造過程」以及杜威提出問題解決法之後，學術界與工業界也紛紛提出一些大同小異的問題解決法。創造心理方面的先驅麥克佛遜（McPherson, 1968）曾經列出十餘種問題解決法（參見拙著《發明心理學》，遠流）。那些方法可以在紐約巴法羅創造問題研究所所發展的「創造的問題解決法」（Isaksen & Parnes, 1985）為代表。其步驟為：

- 確定目標（Objective-Finding）
- 尋找資料（Data or Fact-Finding）
- 發現問題（Problem-Finding）

- 尋求主意（Idea-Finding）
- 尋求解答（Solution-Finding）
- 接受主意（解答）（Acceptance-Finding）

創造學家將類似以上這種解決問題的方法教授給學生以及從事創造發明的人物。有很多的研究顯示解決問題的能力，可以從教學的情境中予以發展，並且可以經由練習而加強（Hutchinson, 1964; Miller, 1963; Taba, Levine and Elzey, 1964; Gallagher, 1965; Schmitt, 1969; Parnes, 1966; Bahlke and Treffinger, 1970; Costa, 1985）。奧爾頓與克拉屈菲爾德（Olton and Crutchfield, 1969）所設計的教學活動，有效地增加了創造思考的技巧。阿普呑（Upton）曾經用抽象析取法、分類法、構造分析法、作業分析法（operation analysis）以及類比法（analogy）等以訓練學生運用詞彙的能力。經一年訓練的結果，這些學生的智商增加了十分以上。

在學術方面，新的而比前人所用的更合乎科學的方法往往使研究的結果面目一新。第一位成功地應用更有效的方法之後，其他的學者互相效法，將之應用到別的領域上去，因此新的研究便如雨後春筍，欣欣向榮了。歐州的科技之所以在十七、八世紀短短的一百年之內超越了我國，其主要的原因便是創立了解析幾何及微積分。

一個有志於終身從事學術研究的人，若欲成為開山祖師，其最好的方法就是自創一個比當時所用的更有效的方法。將其他領域所用的良方用到另一領域上去，也會有創新的效果。例如美國現代社會心理學大師賽門頓（Simonton）將心理學上所用的複合相關法與經濟上所用的時間序列法（time-series）應用到歷

史人物與事件的研究上去，便在心理學與史學上起了革新的作用（詳見拙著《中國天才盛衰史》，國立編譯館）。再如我國的胡適，也是一個極好的例子。他留學美國時，從一代大哲杜威那裡學到實驗主義。他在〈實驗主義〉一文中就指出實驗主義的精髓是在用科學的方法來研究哲學。實驗的方法有四個原則：(1)著重事實與境地，研究者必須用上窮碧落下黃泉的精神去搜集資料，(2)必須有懷疑的精神，而將一切學理與知識都當做待證的假設，(3)明因知變，(4)實驗是真理的唯一試金石。實驗的詳細方法固然因學科而異，但杜威則勾畫出以下一個著名的問題解決法（Farra, 1988）：

1. 思考前之階段：危機發生，感到困難。
2. 思考之運用階段：有計畫地運用思考，而非胡思亂想。
  (1)觀察情境先將一切瀏覽一遍。
  (2)用各種說法來界定問題。
  (3)將困境界定成一特殊之問題（亦即正確界定問題）。
  (4)想出各種可能的解答。
  (5)詳細考慮最好的解答。
  (6)證驗解答：用以下二種方法：
    ①解答中之各種要素都能上下貫通，左右逢源。
    ②從思路上或實驗上來證驗解答之真實性。
  (7)回頭重複實驗：如遭遇失敗，從 C 到 F 一試再試。
  (8)檢查自己解決問題的態度與動機。
  (9)考慮問題或解答的歷史及其歷史意義。
  (10)預測解答之成功性。

3. 思考後之階段：感到興奮與滿足。

以上這個方法後來成為其他問題解決法的藍本。胡適用了實驗的原則與方法來研究中國的哲學、歷史與文學，結果他在這三個領域都產生了革新性的作用。

歐洲的方法學（如培根的歸納法與科學的實驗法）加上杜威的實驗主義，使美國的知識界普遍地著重方法，流風所及，一般民眾也深受影響。例如郭南宏曾在〈做事講求方法好處多〉（自立晚報）一文便對美國人之閱讀說明書，了解物品的使用方法的精神大為稱讚。他發現西方人治學、做事與生活都講究方法，無形中促進了科學的發展，也使他們做事更有效率。

五、結　論

方法是達到目的的手段。一個目的是否能在最短的時間內達到最經濟而又最完美的結果，胥視技術是否高超，程序是否合理，器具是否利便而定。所以孟子便說：「工欲善其事，必先利其器」。要解決問題，我們必須樂用方法、善用方法、並且常用方法；在與人競爭時，尚須先估量自己的方法是否較對手為佳，否則難操勝算。

方法者，大智之源，成功之鑰。在古今中外的歷史中，以弱勝強、以少勝多者，都是用妙法來獨闢蹊徑，出奇制勝。不僅如此，今日有許多方法已經機械化或電腦化。工具可以使體力或某種智能（例如算術）平平的人達到體、智均臻上等的人所欲達到的一些目的。若是有效的方法與工具廣被大眾所應用，則該民族的實用體力與智能便大為增加。後者尚未有名，茲名

之為群智。

我國的科技群智，在十七世紀以前遙遙領先世界，後來由於西方科學界普遍應用實驗法、解析幾何與微積分，其科技文明便在短期內超越我國了。今日貿易之戰，便是方法之爭。資本主義與共產主義之不同，就是在於方法。前者所用的方法，尤其是報酬制度，得之於心理學對人類與動物的實驗，而後者則基於一兩位思想家的設計。最後之勝利，屬於方法。

第四節　創造的成果

一、創造的成果

創造的成果有很多層次。小至以筷代箸之類的另想良策，大至影響百年的理論的發明，都可以說是創造。「以筷代箸」是一個創意，創立學說是集一大群有系統的創意。想出一個新的方法來解決問題也是創意。所以，無論是那一層次的創造，其基本的要素是創意。解決問題的人運用創造的方法之後可能會有以下幾種創意：

㈠屬於發現問題與機會者

- 所產生的創意不比原先用傳統方法所產生的主意為佳。
- 所產生的創意經決定採用之後，成為有待解決的問題；
- 發現更多或更好的問題；
- 發現更多或更好的機會或目的；

(二)屬於解決問題者

- 所產生的創意比原先的主意為佳。
- 所產生的創意成為一些更好的創意的起點；
- 經過進一步修改後成為能夠解決問題的創意；
- 成為馬上可以用來解決問題的創意；

(三)屬於創造機會與創新發明者

- 創造更多或更好的機會或目的。
- 所產生的成果為新產品或發明品；

　　由上可知，所產生的創意多是解決問題的起點，而不是馬上可以用來解決問題。有時所產生的創意並不比原先用傳統方法所產生的主意為佳，即使如此，也會有兩個收穫：一為經過另想良策的考驗之後，還想不出比原先用傳統方法所產生的主意更好，因此使人對原先的主意更有信心；二為養成另想良策的習慣，說不定下一次會有比較好的結果。

　　以上所述的各種創意中，創造機會與創新發明是值得詳論的。茲先論機會的創造。

二、機會的創造

　　此處先介紹一個發現機會以及兩個創造機會的例子。

　　在一九八七年十月十六日，美國股市的道瓊指數在兩天內大跌六百多點，真是災情慘重，人心惶惶。唯獨大經濟學家米爾頓佛利門（Milton Friedman）認為那是買便宜股票千載難逢的機

會。當時把握這個機會的人都賺了錢。在此之前，有人已經看出這一日子即將來到，幾天以前早就將股票拋售，幾天以後又大買特買。這種先知先覺的人，最能洞察先機，把握機會。至於把股票抄高，謀利害人的不法份子，以及先給人抽鴉片而後賣鴉片等，則是屬於創造機會型的壞例子。所以我們除了能洞察先機之外，還必須能洞察惡機。

在我國歷史上，有一個有名的創造機會的例子。機會的創造者是韓國的大商人呂不韋。被創造的人叫做異人。異人是秦國太子安國君的姬妾夏姬所生，不受寵愛，被派在趙國當人質，生活困窘，無人重視。

呂不韋在趙國首都遇見異人，他獨具慧眼，認為此人奇貨可居，便從此展開一連串創造機會的活動。他先對異人說，太子所愛的華陽夫人不能生子，而你只是二十多人中的一個，又不受鍾愛，不可能被立為後嗣。我想用巨資替你到秦國活動，設法將你立為後嗣。異人一聽大喜，許諾事成後與呂不韋共治秦國。

於是呂不韋一面替異人造勢養望，另一方面加強與異人的關係，把一個美妾送給異人為妻。他親自去秦國，買通華陽夫人的姐姐，讓她轉送夫人一個厚禮並向夫人分析說，異人德高望重，並且很思念夫人。妳應該謀立異人為嫡嗣，事成妳便是太子妃，進而為王后而太后。這種有百利而無一弊的事，華陽夫人當然願試。她果然說服太子立異人為後嗣，並請呂不韋就近予以照顧。

秦昭襄王五十年，遣大軍圍攻趙都。趙王想殺異人。呂不

韋賄賂守吏，和異人一齊逃回秦國。異人（後改名為子楚）回國後六年，昭襄王死，安國君繼位，是為孝文王，封華陽夫人為王后，子楚為太子。秦孝文王死後，子楚繼位，是為莊襄王。他奉華陽夫人為華陽太后，生母夏姬為夏太后，立與呂不韋姬妾所生的兒子秦政為太子，任呂不韋為丞相。後來秦政繼位後，尊呂為相國，號稱仲父，位極人臣。

由上可見，從莊襄王到華陽太后，夏太后，以迄秦政等的地位，都是由呂不韋一手所創。這些人加起來創造了他的一人之下，萬人之上的地位。從這個例子，我們便可以探討出一種機會創造法。此為後話。

此外，據說有兩個鞋廠派人到非洲評估市場。有一人回來報告說多數非洲人不穿鞋，市場甚小；另一人則評估說非洲人不穿鞋，市場甚大。前者看不出機會；後者認為大有機會，只要讓非洲人知道穿鞋的好處，便有市場了。這是洞察良機，創造機會的好例子。

對於有才幹的人來說，一個問題就是一個機會。小問題是小機會，大問題是大機會。但對於有雄才大略的人來說，他們會把握機會，尋找機會，甚至創造機會。如何去尋找機會，其本身是一個有待解決的問題。找到機會，或者是創造出機會之後，則問題便更多了。所以機會是從沒有問題的情境中，製造出自己頗有把握解決的問題或訂立對自己有利而頗有把握達到的目標。

三、發明品之接受性

　　發明是為己為人創造機會。發明完成之後，只是成功的一半，它只算是解決了一連串技術的問題。另一半是商業的成功，否則創造的成果只會帶來一紙專利權與一大堆帳單。所以，從產生發明品到使之成為受用戶所購用的商業品是屬另一階段的解決問題的過程，其中包括用戶（包括消費者、使用者、讀者等）之接受以及品質之提高（或用戶滿意）等。以下先談發明品之接受性。

　　發明有很多種，有技術的發明，方法的發明，消費品的發明等。前二者多屬增加效率，解決問題式的發明，容易立即滿足使用者的心理，因此，發明品很容易被使用者接受。後者往往必須與已有的產品競爭；即使毫無對手，也必須有人樂於投資，並且設法使消費者購買使用。這一類的問題，可能比發明物品更為頭痛。在美國，不到百分之十獲得專利的商業性發明品為大眾所用。假如在發明之前，發明者便考慮使發明成功之市場因素，將這些因素從頭開始便列入須要解決的問題的一部分，則發明的成功率勢將大為增加。當然，這裡所謂的成功是指達到發明者最初發明的目的而言。多數的發明者不但要發明新的產品，而且還要使產品受到上司專家或大眾（以下統稱為用戶）所接受。所以發明了新產品，只是成功的一半。若沒有被用戶所接受，則發明者聯同其發明品便被埋沒了；具有天才潛能的人也便不成為天才了。

　　由於「被用戶所接受」對於發明者是否能成為天才，或發

財。甚為重要，有些專家便將用戶（或聽眾，audience，其義包括讀者、使用者等）因素包括在創造的定義之中，意為一個產品若最終不被聽眾、用戶、大眾或專家所接受，該產品便不是創造品。這種的定義在理論上有其缺點，但卻可以將不道德或破壞性的發明排除在創造品之外。另有人將聽眾之接受與否的問題當做創造過程中的傳遞（Communication）問題。創造者有了新主意之後，必須將其主意用有效的方法傳遞給大眾。所以傳遞應該視為創造品的一部分，自然應該包括在創造的定義之中。賽門頓（Simonton, 1988）則另用說服力（Persuasion）一辭以解釋接受性。具有說服力的人便是該領域的領袖。所有被公認為創造的人也可稱之為領袖。創造者既受社會所影響，亦藉其創造品以影響他人，所以就其影響力而言，我們將創造者視同領袖，實不為過。吾人固不必以政治或軍事領袖方可稱為領袖也。

但是古今中外都有許多創造者或發明家不著重創造中的傳遞過程。他們有的不欲為之，有的不通此道。不善傳遞者，則需依賴弟子或中間人加以鼓吹潤色。不欲為之者，倚才傲物，我行我素。認為知音（識貨）者自會上門，他們寧願曲高而和寡，不願嘩寵而媚眾。這種高傲的創造者只知自我傳遞（intrapersonal communication），將靈感化為創造品，而不知人際間（interpersonal）傳遞對創造品的重要性。殊不知將初步的產品示諸專家友好，或公之於眾，然後將這些人的反應或評價反饋回來而將產品加以修正，這一類的人際間的傳遞亦為創造發明的一個重要步驟。不須經過這一步驟的人可稱為大天才。這種原始大天才早已先知社會的評價標準，於其創造（或表達）過程中

將主觀與客觀的條件一氣聯貫起來得心應手，看似不假外求，其實只是不露痕跡而已。

　　上述我行我素的創造者在今日的科學與工商界終必被物競天擇的過程所淘汰。今日有許多費時費力的研究或發明計畫在正式從事創造之先，就必須從事最有效的傳遞工作以說服上司或補助研究發明的機構予以經費的補助。研究有成果之後，還須要說服各學刊的審稿專家予以接受。若其為商業性的產品，則必須說服上司或投資者予以產銷，最後由在自由市場的成敗而決定發明品的壽命。當然，若一個社會實行計畫或配給制度，則傳遞這一工作便不重要了。

　　發明者若是受雇而發明，則產銷的責任歸於顧主。若是獨立的發明者，就必須自行或接洽投資公司產銷。在美國有許多發明經紀公司（brokers）與發明公司（Venture capital）等機構專門協助發明品之產銷事宜。他們都有一套對發明品的評鑑標準以作決策之用。奧內根大學商學院的發明實驗中心曾經受國家科學基金會等機構之補助發展了以下一套評鑑項目以作決策的根據（Udell, Baker, Albaum, 1976, p. 101）。

　　1. 社會因素：合法，安全，社會利益，與對環境的影響；
　　2. 商業冒險因素：技術之可行性，功能，生產，發展的階段，投資費用，利潤與研究；
　　3. 需求分析因素：市場之大小，需求之趨勢，需求之穩定性，產品的生命週期；
　　4. 市場接受因素：應用模式的相對性，對使用的學習，需要，可靠性，可見度，推銷，分銷網，以及售後服務的

　　要求；

　5. 競爭性：競爭上的優點，耐用性，外觀，功能的卓越
　　　性，價錢，現有的對手，可能會有的新對手，以及保
　　　護。

　　該中心用以上的因素來評鑑發明的主意以及已經完成的發
明品。十餘年以來，該中心拒絕了百分之八十五的發明構想，
另外有百分之十經過進一步的市場與技術評鑑之後予以淘汰，
只有百分之五獲得發展上或產銷上的補助。從事發明的人在發
明的最初階段就可以自行將以上的因素予以考慮以免浪費人力
與財力。

四、品質提高

　　發明品受到用戶所採用之後，若品質上有問題，或用戶使
用後不滿意，則發明品便會被市場所淘汰。若發明品有缺點，
而這種缺點被其他發明者用屬性列舉法找出缺點，加以改良而
成為一新產品，則自己辛苦的發明品便成為他人發明的踏腳
石，他人便事半而功倍了。所以在美國有許多大公司所推出來
的消費品必先經過一番市場調查以及用戶試用期。市場調查的
項目可以包括前述奧內根大學發明實驗中心所列與市場有關的
評鑑因素。在試用階段，則選擇一些地區試驗，並設法獲取用
戶對發明品的意見滿意的程度。發明者或製造商根據用戶的反
應再將產品加以改良。因此又開始另一階段的問題解決過程。

　　以品質著稱的全錄公司（Xerox Corporation, 1989, pp. 1/1:13）便由
其多國顧客與服務教育（Multinational Customer and Service Education）

部門設計出一套改善品質的程序（Quality improvement process）。這個程序包括以下三個部分以及九個步驟：

㈠品質計畫

必須考慮以下一些問題：

1. 應做些什麼？成果為何？

2. 對象（顧客）是誰？

3. 需要什麼，期望什麼？顧客的要求為何？

4. 目標是否可以測量，合乎現實，與可以達成？供應廠家的條件為何？

㈡管理品質

集中注意於：

5. 如何達到成果？步驟為何？

6. 應如何測量品質的成功？

7. 是否各工作單位有能力達到所預期的效果？

㈢回　饋

8. 在過程中是否需要改變什麼東西或過程？顧客是否滿意？

9. 品質改進會提供那些額外的機會？若此次改進成功，是否可改進另一產品或屬性？

　　假如在上述第七與八項發現新的問題，則必須另用適當的問題解決法解決之。全錄每年都將一些產品廉售給員工。把員

工當做顧客，以聽取他們對品質的意見。當然，並不是每一意見都予以採取。決策單位必須選擇最可行而最能使多數用戶滿意的屬性予以改進。

當發明品的最後樣式定案之後，便須經過生產運輸的程序。這一程序在全錄公司也經過詳細的設計，發展，生產與運輸各步驟，以使發明品能夠順利地運到銷售單位。從發明到銷售的最後一關是顧客傳遞（或銷售）程序。這一程序包括計畫、宣布、起動（launching）與發貨等四個步驟。每一步驟在時間上都須緊密配合方可掌握市場的先機。在競爭激烈的市場，公司一有新發明，都希望盡早宣布，以使顧客停購即將過時的貨品，而等候新品。但有的公司在宣布與發貨之間距離過久，或宣布發貨的時間與確實發貨的時間不符，一延再延，而招怨於顧客。這種事件，會使公司遭受致命的打擊。所以全錄公司在這一程序的主要地方都設有考核站（Check point）以查核作業的進展。全錄公司於一九八九年從三千多位競爭者中，獲得美國有名的馬康包得瑞茲全國品質獎（Malcolm Baldridge National Quality Award），實為以上方法的功勞也。

第二章
產生創意的通用方法

　　一個正常的人或多或少都能產生新的主意。有的人會從一個新萌芽的主意而產生更好的主意；有的人則會將自己的或他人的新主意一笑置之，甚至斥為離經叛道，不屑一顧。

　　創造方法的目的是在使人珍惜一切主意，把稀奇古怪、離經叛道的主意當做跳板，而產生有用的創意。

　　過去創造心理學家都把產生主意這一步驟放在界定問題之後，意為產生各種各樣解決問題的主意。其實問題的本身就是主意。想出各種各樣的問題也就是產生各種各樣的主意。此外，筆者發現有的人即使在產生主意的階段，其所產生的主意也往往是將大問題變成小問題，或將小問題變成大問題，甚至將沒問題變成有問題。

　　有很多創造的方法可以用來想出各種各樣的問樣的問題，也可以產生各種各樣解決問題的主意。這種方法，本書稱之為產生創意的基本方法。有的方法則以之用來發現新機會、新問題比較切合，本書便將之歸類為發現問題的方法。當然，對於富於創造性的人來說，他們的創造性是不會受這種分類所限

制。發現問題的方法也可以用來產生主意，這就好像銅錢也可以用來起螺絲釘一樣，只不過比較吃力罷了。因此本書將產生主意的方法分成一般的方法（第二章）與發現問題的方法（第三章第二節），這種作法是為讀者尋找方法之方便而分，並不表示第三章第二節中所介紹的方法不能用以產生主意也。

總而言之，本章所介紹的方法是在使人能夠通權達變而能另想良策。所想出的主意可能有以下幾種結果：

- 成為一些更好的主意的起點；
- 經過進一步修改後成為能夠解決問題的主意；
- 成為馬上可以用來解決問題的主意；
- 所產生的主意經決定採用之後，便成為有待解決的問題；
- 發現更多問題；
- 發現更多的機會；
- 所產生的主意不比原先用傳統方法所產生的主意為佳。

由上可知，所產生的主意多是解決問題的起點，而不是馬上可以用來解決問題。有時所產生的主意並不比原先用傳統方法所產生的主意為佳，即使如此，也會有兩個收穫：一為經過另想良策的考驗之後，還想不出比原先用傳統方法所產生的主意更好，因此使人對原先的主意更有信心；二為養成另想良策的習慣，說不定下一次會有比較好的結果。

第一節　應變力之培養

人類生理與心理的基本趨向是求定。假如需要變，也是適合於漸變。求定的結果使人一方面因循苟且，故步自封；另一方面則對於革命性的新主意，輕則感到不安，重則予以排斥。即使到了非變不可的時候，還會有知覺上、思路上等等的阻礙使人難以變通。因此，創造學家便設計了各種各樣的方法來使人茅塞頓開，破執立新。

變通思考（以下與「變通力」，或「應變力」通用）是一種改變通常所慣用的主意，以使之能達到同一目的的能力；但有時會變得離譜而產生新的主意。它往往是在原有的主意不能應用在新的情境時，當事者想出另一個辦法以解決問題。望梅止渴、以筷代箸等都是一種變通的主意。

我們慣用情緒的反應來應付新主意。假如一個主意乍看（聽）起來是荒謬的，一般人的第一個反應便是「荒唐」、「不可能」等等。據說有人在一九三〇年代的末期曾經向瓦特（Robert Watson Watt）建議用無線電波將敵人的飛機打下來。瓦特認為那人存心污辱。但是他的助手卻認真地去想，由此而獲得用電波來偵測飛機的靈感。

我們也慣用腦中閃進的第一個主意來解決問題，而沒有想到還有更好的主意。我們應該經常應用變通思考，而不必等通常的辦法窒息難用時，方纔想用變通思考。所以，應用變通思考的態度與習慣應比方法更為重要。以下先從根本上討論求變

態度的培養，然後再介紹具體的方法。

　　具體地說，變通力就是另想良策的能力。其方法因原來的主意而異。但有些方法可以適用於某一類的主意，有的則對任何一種情形都能適用，其中最主要的方法便是求變態度的培養。

一、培養求變態度之一般方法

　　如前所述，一般人的思考與生活方式都是以保持機動的穩定性為要務。具有習慣性的思考與生活可以減少壓力，進而使人有足夠的精力與時間來應付困境。所以無論在心理與生理上，人類總是以求定為要務，求變則是厭倦之後或萬不得已之時而發生的動機。但是有的人過於故步自封，經常以不變應萬變，有的人具有獨裁性的人格，經常自以為是，也有人則具有從眾性的人格，經常自以為不是。這一類的人，其求定的心態，已經到了變態的地步，必須由心理醫生予以開放其心胸。一般人尚不致懼變到變態的地步，但若能及早培養成虛懷若谷、伺機待變的態度，於其一生，亦當享用不盡。以下便是一般培養求變態度的方法。

㈠養成刻意地去另想主意的習慣

　　當一個主意行不通的時候，即使腦筋不靈活的人也會去另想一些主意來解決問題。他們會問：

* 有什麼別的方法？
* 換個主意如何？

- 妳的意見怎樣？

所以另想主意是最基本的問題解決法，也是老生常用的方法。但是一般人所用的另想主意法有幾個毛病：

- 量不夠多。

- 質不夠好。

- 不常用。

- 只在有問題的時候用。

前兩個毛病可以用腦力激盪法來改進。不常變通的人應該養成常用的態度與習慣，不應該在有問題的時候用；此外，應該將每個主意，甚至荒謬之言，當做一個契機，以之當做跳腳石來激發靈感。

依筆者的經驗，在腦子裡所閃出的第一個主意，往往是最自私、最通俗、最情緒、最合乎邏輯，或最受當前經驗所影響的主意。這是因為人性所使然。一個人身心受威脅的時候，第一個反應便是用說謊、否認、逃避等最簡便的自保法。一個人受到激怒時，第一個反應也是情緒性的。當劉邦知道韓信要封個假齊王時，第一個反應是大怒而要大罵，經張良急忙暗示後，方纔拍案怒罵說：要封就封真王，怎麼可以做假王！劉邦當時盛怒之容改不過來，但腦筋卻是可以急轉彎的。當一個很想要買一個雷射唱機的人看到一個音響大減價的廣告，便想去買所等待已久的名牌雷射唱機。他當時的主意便受當前的廣告所影響。他沒想到以下幾個問題：

- 是否別家會更便宜？

- 是否有別的名牌更便宜？

- 是否會有新的產品即將出爐？
- 是否可以不買？

以上幾個問題可以幫助人另想良策，說不定那張廣告反而使人去買別家的貨品呢。

㈡培養立意創新的習慣

創新力是產生與某一問題有關的不平凡以及聰明主意的能力。在解決問題時，有機智的人可以立即產生一種妙計而將問題解決。這種創新的主意的本身可能沒有什麼稀罕。但是與某一特殊情境（或問題）連結起來後便成為巧妙的結合。

假如一個人受到吩咐或自己立意去產生非凡的主意，他是否可以不經任何訓練即可辦到？這一個新鮮的問題受到不少心理學家的研究。基爾福特及其助手（Christensen, Guilford, and Wilson, 1957）等將甲乙兩則短的故事給成人命題。受試者對故事甲所擬的題目只須與該故事有關即可，故事乙的題目則必須既相關又聰明。結果發現故事乙題目的聰明程度高於一般水準。這個發現使研究者相信一個人在某種範圍之內可以有意地產生新穎的主意。至少這種情形可適用於他們所用的文章命題測驗。

其實有意創新的現象也可適用於其他簡單的情境。馬爾茲門等人（Maltzman, Bogartz, and Breger, 1958）在一個實驗中先吩咐受試的大學生儘快對一些作訓練用的單字作聯想反應。受試者見到某一單字後，必須將首先想到的字說出來。訓練用的單字反應做完之後，控制組另外就一份新的單字作聯想反應。實驗組則仍用舊的單字。但他們所給的反應必須與第一次所給的不

同。這些舊的單字一共用了五次。實驗組每次所給的反應均須
與前次迥異。經過五次的嘗試之後，在實驗組的受試者便養成
一種在同樣情形之下給與新穎反應的傾向。

　　這種「給予不同反應」的訓練完成之後，實驗者便用一組
新字以測量兩組受試者的反應。但是測驗開始之前，有一半在
實驗組與控制組的受試者被吩咐盡量給予新穎的反應（新的實驗
組）。另一半則只告以作自由聯想（新的控制組）即可。結果顯示
兩個實驗組均較優於控制組。無論在原先的實驗組或控制組受
命創新的那一半較自由聯想的一半產生更多的新穎反應。

　　以上兩項研究均以成人或大學生為對象。其結果對小學生
亦甚適用。克洛普（Krop, 1972）以五、六兩年級學生為對象，做
了一個類似的實驗。實驗者將一半的學生分到實驗組受創新訓
練。另一半為控制組不受創新訓練。但兩組皆作同樣的應用分
殊思考的練習。練習的項目為枚舉所列各物品的其他用途。練
習完畢後，實驗者將以前所做的練習題再給予兩組學生作答。
不過這次正式的實驗給予兩組的規定大為不同：實驗組這次所
產生的答案必須異於在訓練時所給過的反應；控制組則告以重
複以前所給的反應。這個實驗一共做了五次。其結果支持馬爾
茲門等人以大學生為對象所做的單字聯想測驗的結論。克洛普
建議「創新訓練必須在教育過程中及早進行，並成為該過程中
的完整單位」（Krop, 1972, p.510）。

　　以上三項研究顯示簡單的分殊創新力亦非神祕不可捉摸。
創新反應所需的材料早已儲存在記憶之中。個體是否用之於創
新可受主客觀的要求所操縱。應用同樣的道理，有志創新者亦

可要求自己在創作時儘可能產生與眾不同或與前不同的產品。若是這種求新的意志益之以新的知識與其他創新的方法，則其效果當不止於文章命題、單語聯想，或產生不同用途的新主意而已。

此外，在實驗的情形下，創新訓練與創新測驗間的時間距離相當短。受試者在受訓時所養成的創新傾向尚未消失，尤其在測驗前，實驗者鄭重吩咐實驗組的受試者必須產生與前不同的反應。這種雙管齊下的辦法自然會使多數的受試者一反以前的舊習而創新。但是這種傾向能維持多久？是否會在短期內受舊習所取代，則尚未有人研究。照常理判斷，短期實驗所得的成果當不致延續很久。不過這些研究至少顯示使人求新對產生新穎的反應有所幫助。在我國文學史上有一個例子與這些創新實驗有點類似。中唐韓愈、孟郊、賈島等人寫詩偏重技巧與立奇驚俗，結果開奇險僻苦一派，影響到後來產生許多如「春風又綠江南岸」、「紅杏枝頭春意鬧」、「春湖帶雨晚來急，野渡無人舟自橫」等以形容詞當動詞用的奇字。若是整個社會經常抱著日日新、又日新的態度，以求新為社會的一項重要價值，則全民所增加的創新力亦足可觀。

此外，立意創新也是一種心理壓力。這裏所謂之壓力，包括外在的壓力與內在的壓力。外在的壓力是以「不創作，便受罰」的方式以引起具有高度創造潛能者的不安全感。這些人便須藉創造的成果以解除焦慮感。這種方法以美國用得最為普遍。美國的著名大學採取「不創作，便解聘」的政策以迫使教授日夜研究，產生上乘的著作。工廠受同類工廠推陳出新的壓

力而產生更新更好的產品。美國太空科技本來落後於蘇俄。後
來受了蘇俄第一個人造衛星的影響，便全力迎頭趕上，終於送
人登上了月球。這些例子都顯示創造的潛能，可以受外在的壓
力而激發。

　　內在的壓力則是創造者向自己施加壓力，刻意創新。杜甫
有「語不驚人不罷休」的宏願。下了宏願之後，創造者必須努
力鍛鍊，鍥而不捨，方可捕捉到靈感。古人有「詩窮而後工」
之說。這裏所謂的「窮」，不專作貧窮之窮，亦可作搜索、窮
搜解，意指詩人必須盡力搜索佳字，方可有成。盡力搜索便是
自我加以壓力的結果。杜甫有「才吟五字句，又白幾莖鬚」之
嘆；劉得仁與賈島各有「到曉改詩句，四鄰嫌苦吟」、「三句
兩年得，一吟雙淚流」之苦。皮日休有「百鍊成字，千鍊成
句」之說；陸放翁亦謂「六十餘年妄學詩，功夫深處獨心知，
夜來一笑寒燈下，始是金丹換骨時。」這些都是著重苦下功
夫，自加壓力的例子。不過最後創造的成果，當然不僅僅靠壓
力之功。創造者還必須用其他一系列的創造方法以完成產品。

　　壓力法最主要的作用在於引起創造的動機，迫使創造者用
最後的心力挖空心思，窮搜主意。基爾福特等人（Christensen,
Guilford, and Wilson, 1957）發現受試者在三項創造思考測驗中，總
是在最後數分鐘纔產生不尋常的或稀罕的反應。這種情形也發
生在腦力激盪法中。換言之，與眾不同的反應總是在最後（五
分鐘）再加壓力之後產生。若是不加壓力，就失去產生非凡主
意的機會。

(三)培養稚心

稚心是一種不計成規，自動自發，快然自足的表露式的創造。馬斯樓（Maslow, 1950）曾經研究一些他所認為「自我實現」的人物如哲斐遜、林肯、羅斯福、斯賓諾沙、梭羅、佛洛依德、哥德、史懷哲、愛因斯坦等。在他所發現的這些人物的十四項人格特徵中，有兩項都屬於稚心的表現：

- 自然流露。他們的行為沒有矯柔造作，只是隨遇而安，頗能達到率性的地步。
- 不斷地體驗新鮮的滋味，對生活一再地感到新奇、愉快與狂樂。

根據他的另外一些研究，有些富於創造性的人常將世界與自己當做一種有趣、好玩、滑稽、荒誕而可愛的物體。換句話說，這種人具有孩童般的天真的認識（innocent cognition）或再生的稚心，要哭就哭，愛笑就笑，喜歡說什麼就說什麼。這正是運用腦力激盪法時所需要有的態度。

其次，與稚心息息相關的遊玩與創造也有密切的關係。朱光潛在其《文藝心理學》中說：

「最流行的學說把藝術溯源到遊戲。康德便已指出藝術和遊戲的類似。」（頁 178）

主張悠閑與享受生活的幽默大師林語堂在其《生活的藝術》（民62）一書中，也不放過戲心這一題目。他認為近乎戲弄的好奇

心便是人類文明的勃興：

> 「……人類有一種嬉戲的好奇心，他開頭就用他的雙
> 手去摸索，把一切東西都翻過來考驗研究，像猴子在
> 閒逸的時候把同伴的眼皮或耳朵撥開來，捉一捉蝨，
> 或是無目的地翻著玩玩。你到動物園去看一對猴子在
> 彼此玩弄耳朵便可意會到一個牛頓或一個愛因斯坦的
> 前程。」（頁78）

在另一方面，他主張返歸於天真純樸的稚心以免於受世俗的束
縛。他說：

> 「當一種文明失掉了它的簡樸性，而浸染習俗，熟悉
> 世故的人們不再回到天真純樸的境地時，文明就會到
> 處充滿困擾。日益退化下去。於是人類變成在他自己
> 所產生的觀念、思想、志向和社會制度之下當著奴
> 隸，擔荷這個思想、志向和社會制度的重擔，而似乎
> 無法擺脫它。」（頁94）

要擺脫這些束縛，他還主張效法流浪漢的精神：

> 「也許只有放浪者和放浪的精神會解放我們。」（頁
> 16）

　　除林語堂之外，亞當斯也曾經在其《衝破觀念的框框》（Conceptual Blockbusting）一書中列出以下七項文化上阻礙創造的因素（Adams, 1985, p.53）：

　　1. 禁忌。

　　2. 恥笑夢想、深思、懶惰、狂狷。

　　3. 只容小孩有稚氣與玩心。

　　4. 無幽默而認為解決問題是一件很嚴肅之事。

　　5. 輕視感覺、直覺、求樂，與價值判斷；而重視理智、邏輯、數字、功用與實務。

　　6. 尊傳統而惡變。

　　7. 任何問題都可用科學方法與金錢來解決。

　　這七項中，除了第七項的前半外，都是我國文化的缺點；從二至六項都與缺少稚心有關。

　　失去稚心的人，可以用以下一些方法來拾回已失去的稚心：

　　1. 接受自己，尊敬他人。

　　2. 開放心胸，暫時忘我；隨遇而安，物我合一。

　　3. 遊戲人間總自如。

　　4. 玩弄理念。

　　我們為了拾回已失去的稚心，固然不必如孫悟空之惡作劇，也不必像林語堂那樣以放浪者為理想的人格。我們若能以稚心為理性的調劑，寓戲於工，則退可破除框框，進可出奇創新，豈止樂哉。

㈣在機構內製造創新的風氣

一個學校或機關可以富於創新的人為示範，對其創新的行為加以獎勵，藉以在機構內製造創新的風氣。在實驗的情境之下，這種方法是藉他人創新的範例以使受試者自行知道必須產生創新的反應。受試者所得到的是求新的概念或傾向，而非模倣示範者的具體產品。示範法與求新法類似，皆在使個體刻意求新。但後者是受他人之命而求新；前者（即示範法）則使個體趨向「風氣」而求新。

赫德森（Hudson, 1968, p.66）為使在一英國學校的一班資優男童產生新穎的主意，便自己先寫出許多對一不尋常問題的新穎答案以作示範。這些男童可以從這個範例中看出它包含許多主意（流暢反應）而且這些主意都不尋常。結果這些男童在一個類似的問題中產生了許多質量均佳的主意。

扼文斯與佛列得利森（Evans and Fredericksen. 1972）讓實驗組的大一學生作「擬定假設」（hypothesis-making）的練習。練習完後實驗者將受試者分成二部，分別看二則示範假設：一則是以流暢性為標準；另一則是以創新性為標準。實驗者告訴受試者這些假設都是其他學生的代表作。受試者看過每一類範例之後，就受命做「猜測後果」的測驗。這個實驗的目的是在探討受試者看到範例之後是否能將所學的轉移到這個測驗上去。結果顯示看過以流暢性為範例的學生在流暢思考上得分較高；看過以創新為範例者，便產生許多具有創新性的主意。

以上兩項關於範例對於創新力影響的研究進一步支持求新

法的效力。求新法是由他人吩咐受試者必須產生創新的反應。
這是一種演繹性的方法。示範法是讓受試者先看符合標準的個
別答案，然後由受試者自行領悟到所需要的標準。這是一種歸
納性的方法。若是兩法交相使用，效果當可益加卓著。

應用同樣的原理可以推知在一個具有創新典範的社會，由
於人們經常接觸日新月異的產品以及百花齊放的思想，他們的
創新行為必高於一般水準。即使在守舊社會成長的學子，他在
該社會並沒有什麼特殊表現，但是到了具有創新典範的社會之
後，由於該社會著重創新行為，便激發了他的潛能，亦能毫不
客氣地著書立說，創造發明，在該社會的舞臺上占了一席之
地，一個具有高度文明的社會，若是兼用示範法與求新法，更
益之以獎勵創新的行為，則該社會人民的創新力勢將普遍提
高。

⑸原則求定，主意求變

一個人不能經常在變。我們將正確的大方向大原則確定之
後，在重要的關節不要依靠第一次所獲得的主意。第一個主意
往往是最通俗、最傳統、最衝動、最慷慨或最自私的主意。例
如要寫一篇某一類的文章，這原則決定之後，在用詞布局上則
可多出主意以供選擇。決定要買一套音響，看到一套名牌音
響，又便宜又好，這時進入腦子裡的第一個主意就是要買。也
就是在這緊要關頭，要使用變通思考。想一想：「有沒有別家
有比這家更好的音響，但只貴一點點？」，「有沒有更好的音
響就要上市？」等等。

二、針對思想閉塞之原因以謀補救之道

富於創造性的人比較獨立自主、富於幽默感、具有多方的興趣、思想比較靈活開放。反之，不富於創造性的人則具有褊狹性、刻板性、從眾性、情緒性、判斷性等特徵。當然，以上所列的正負特徵在各種人身上都只有程度上的差別。從事創造的人可以針對前述思想閉塞之原因而謀補救之道。不過若遇食古不化，病入膏肓的人，就不必浪費精神了。以下便介述在程度上異於常態的有礙於求變的人格特徵及其補救之道。

㈠在態度上的阻塞

1. 苟安性與刻板性。有的人過分地苟安求定，對變與新毫無胃口，因為變與新都會引起失序與重新適應的痛苦。這種人往往會藉維持舊制而抑制新意。還有一種人不能容忍歧義；也不能了解一項訊息具有多種意義。這種人，非常刻板，患有狹意症（intolerance of ambiguity）。刻板的人對變易與新奇具有一種反抗的心理。由於過於刻板，便難以跨越問題的情境或題目的字句所限，而另想他法；他們也難以從各種角度來看問題。從好的方面來說，這兩種人總是循規蹈矩，擇善固執，從一而終；從壞的方面來看，他們不善應變，食古不化，舉一而不反三，有時會使人為之氣結。

這種人應該多閱讀詩詞與老莊之類的哲學。除了熟稔一些意義含糊（例如「靜中有動，動中有靜」、「雖富猶窮」、「內方外圓」、「笑中有淚」、「方死方生」、「柔中帶剛」）或蝴蝶夢莊周之類的例子之外，

並以「既是……也可」，似是而非之類的造句題代替週記以資
練習。以上所舉的例子不但可以啟智，而且可以激發想像力
也。

　　刻板的人，可以多讀歷史地理之類的書籍，多看有教育性
的外國電影，多作重新界定（見本章第四節）之類的練習，讓其寫
幻想性的角色互易（假如我是女性、盲人……）的作文等。

　　2.偏情性。另有一種人恩怨分明，愛時很愛，恨時很恨，
不能同時具有兩重矛盾的情感。這種人具有偏情症（intolerance
of ambivalence）。偏情性的人認為好惡相剋，愛恨相斥；好的都
好，壞的一切都壞。不偏情的人則兼容並蓄，認為好惡並存，
愛恨相生，批評無礙於尊嚴，懲罰無礙於慈愛。

　　偏情的人往往受強烈的情緒所左右，因此也會流於偏執而
自以為是。在感知上，患有「必需」病，很多事情都必須這
樣，必須那樣。遇到自己認為是荒謬的主意就馬上予以排斥，
有的人連讓人家解釋的機會都不給。

　　有一位學生說當他受困而文思不暢時，便念「般若密陀心
經」。念完之後文思便源源而來；考試時應用此法，不會答的
題目也往往變得會答。也有許多信基督教的人說禱告可以使人
想出正確的方向。這種些現象，用心理學來解釋，便是念經或
禱告能使人條除束縛思想的雜念，而使思路開放。我們雖然不
必念經禱告，但可以考慮心理學家所常說的一個原則：「在情
緒激動之時，無論是喜是怒，不要作決定」。我們必須自尋平
定情緒之法，等待情緒平定之後，另謀良策。

　　不過有時情緒高昂時，對產生創意會有幫助。這對於詩人

畫家尤其常見。對一般人而言，可以分成三個階段：

　　(1)在情緒高昂時，盡量產生主意：

　　(2)在情緒穩定後，重新產生主意：

　　(3)將前後兩套主意加以比較，最後加以修改或選擇。

　　偏情的人，往往以偏概全，見所慣見，聞所欲聞。他們的情意趨向已經根深柢固，很難予以改變。不過若遇到很好的心理治療師或禪宗大師，或可有救。至於輕度的偏情，則人人皆有。我們可以用「以理導情法」以避免淪於盲目地偏情。此法需要應用以下幾個原則：

　　「全部是錯的，部分不見得也錯。」

　　「部分是錯的，全部不見得也錯。」

　　「現在是錯的，以後不見得也錯。」

　　「過去是錯的，現在不見得也錯。」

　　「善者不盡善，惡者不盡惡；善中有惡，惡中有善。」

　　「美中有醜，醜中有美。」

　　「人是最會變的動物。」

　　「盡信人不如不信；盡信書不如無書。」

諸如此類的原則，還會有很多。以上只是拋磚引玉而已。此外，我們還可以多多練習演繹法，注意大前提與小前提的正確性，便可避免偏心。例如：

　　凡是人類，都會犯錯。

　　聖人也是人類，

　　所以聖人也會犯錯。

要是同意這個三段論法，則對孔子朱熹情有獨鍾的人，知道他

們也有瑕疵之後，便不會驚訝了。

3. 從眾性。從眾性原來係指當一個人的信念與大眾的信念有所衝突時，雖然明知自己的所知並沒有錯，但由於對自己沒有信心，或不敢有違眾意，乃採取大眾的錯誤的信念。今日，從眾性一辭的意義已經擴大而包括盲目地服從權威、順從眾意與人云亦云等盲從的行為。根據一個研究（Crutchfield, 1963, p.132），從眾者在智力方面較具有獨立思考的人為低。他們在認知過程中比較不富於流暢性與伸縮性。他們的現實我（ego）不夠堅強，缺乏應付危機的能力。他們壓抑衝動，焦慮感很高，很少自動自發，並且表現有受情緒壓迫的現象。在自我觀念上，從眾者缺少自信並有自卑感。與人相處，則常處於被動，依賴心很強，但卻又不信任他人。其他的研究者發現從眾者比較不富創新性（Barron, 1955），比較保守（Beloff, 1958），比較依賴知覺場域（perceptual field），並且常發牢騷（Jacubezak and Walters, 1958）。

改變從眾性必須雙管齊下：一方面必須使自我觀念與能力相埒，以增加自信心；另一方面則須培養獨立的思考。若能力中下，則必須先從增加能力著手，以使成就有所改善。

4. 好評性。有的人偏好鑑評而不好產生主意。他們對一件事的好壞，常遽下判斷。一個人對一件事既然有了結論，就不大可能再回轉來考慮是否還有他種良策了。經常輕易地作判斷的人，無論其判斷正確與否，都缺少變通性。這種人由於好評他人，因此便怕被評。由於害怕被恥笑，便也害怕犯錯、失敗與冒險。他們是不會輕易地出口的。

輕易地作判斷的人，也往往富於情緒性。對一件事情，無論是太愛或太恨，過分地情緒化，可使思路閉塞，新的訊息不得其門而入，變通的主意也無路而出。極端的思想便因情而生矣。

好評的人，應該開放心胸，養成珍惜任何主意的習慣。即使遇有怪誕不經的主意，也要把它當做跳板，希望由此而激發出更好的主意。

以上所討論的苟安性、偏情性、從眾性與好評性等，每個人或多或少都會有一點，所以在每一個人的身上都會有窒塞創新的因素。本書所介紹的許多產生主意的方法大半都是用來減免上述因素的影響。若是有人能夠自行消除這些影響，有很多方法，尤其是團體所用的方法，便可以不必用了。

第二節　集思廣益法

問題解決法的一般順序是先有問題而後產生主意以解決問題，所以產生主意總是在發現問題之後。但是筆者近年研究尋找問題的各種方法之後，發現有許多有助於尋找問題的方法，也可以用來產生解決問題的主意。因此便在本書先介紹產生主意的各種共通方法。

產生主意的各種共通方法可分為兩類：一為以方法為主，以訊息為副；另一為以訊息為主，方法為副，藉訊息的刺激以產生主意。本節先介紹各種共通的方法。

一、講述式的腦力激盪法

腦力激盪法（Brainstorming）原先是由一個廣告公司的總裁奧斯本（Osborn）所創，其最初的目的是用來產生可以在廣告上用的稀奇古怪的主意。後來他覺得此法對產生各種各樣的主意極為有用，便進一步地研究推廣，終成廣為工商界所用的產生主意的方法了。半個世紀以來，幾經沿革，已有幾種變異的方法；有講述的；有筆寫的。奧斯本原先的方法已成為傳統的腦力激盪法了。

(一)傳統的腦力激盪法

原先的腦力激盪法是由「一組的人員運用開會的方式將所有與會人員對特殊問題的主意，聚積起來以解決問題。」其目的是以集思廣益的方式在一定的時間內大量產生各種主意。產量越多，則得到有用主意的機會也越多。這種方法雖然亦可自行為之，但以在小組中運用，收效較大。其中原因由發明者奧斯本（Osborn, 1963, pp. 151-165）歸納成以下四點：

1. 主意的大量產生有賴於聯想。聯想力猶如是互有來往的電流。一個小組中的一員得到一個主意，更多的主意可能相繼而生。尤有甚者，他的靈感亦可刺激同組中其他人員的聯想力。因此當一人的主意提出來之後，其他各人的主意也會像鞭炮似地相繼引發而產生一種鏈鎖性的反應。

2. 許多心理實驗顯示一般人在小組討論中比單獨思考更能

發揮其創造的想像力。

3. 實驗亦顯示心智的工作在競爭的情形之下增加了 50%。這種增加尤以靈感為然。

4. 在小組中個體的主意會立即得到鼓勵，由此而激發更多而且更好的主意。

自從奧斯本提出此法之後，此法即在美國工業界以及一些趕上時麾的學校流行一時。有些略知此法的人每逢須要集思廣益時，便臨時來個「腦力激盪法」。事實上所做的與小組討論法並無多大不同。欲使腦力激盪法發揮最大的功能，主持者必須考慮以下五個要點：

1. 腦力激盪法應用的範圍

腦力激盪法是用來產生各種各樣的主意。如下所示，所產生的主意可以是問題（目標）、方法、解答與標準等等，並不只限於尋找解答：

儘量列舉陳述同一個問題（目標）的方法。

儘量列舉與同一個問題（目標）有關的問題。

儘量列舉所可能發生的問題。

儘量列舉解決某一問題的主意或方法。

儘量列舉應用某一原理原則的主意。

儘量列舉評鑑某一物品的標準。

在以上的例子中，目標與問題並列。這是因為目標一旦決定之後，如何達到該目標便成為一個有待解決的問題。其實多數的解決問題的主意如「將之縮小」等等，一旦決定要這麼做之後，如何將之縮小便成為有待解決的特定問題了。所以腦力激

盪法是一個基本的解決問題的方法，只要須要另尋良策時，便可以應用到它。

2. 適合於腦力激盪的問題

腦力激盪法的最主要作用是在引發許多與某一特殊需求（或問題）有關的主意。因此，腦力激盪法的問題必須是開放性的。凡是以下各種認知性（或質疑性）、單純記憶性、匯合性、評鑑性的問題，均無須用腦力激盪法來解決：

這張桌子是什麼形狀？（認知性）

這首詩的作者是誰？（記憶性）

傷風的症候是什麼？（匯合性）

他是否是一個優秀的司機？（評鑑性）

上述有些問題可以加以修改而變成適用於腦力激盪法的問題：

盡量列舉不同形狀的桌子。

盡量列舉考證一首詩的作者的各種方法。

盡量列舉訓練優良司機的方法。

盡量列舉避免傷風的方法。

解決問題的專家理卡茲（Richards, 1974, pp. 62-64）集其多年應用腦力激盪法的經驗而將適合與不適合於腦力激盪法的問題列成兩表（見次頁表2-1與2-2）。這兩表中的資料實為應用於腦力激盪法的人所必須事先閱讀的，所以特徵求其同意，譯介如後。

總之，當新穎的主意有所助益，需要在短時間內產生大量的主意，而有沒有專家並無關緊要時，便可以考慮應用腦力激盪法。由上可知，腦力激盪法也是一種高技術性的方法，非一

表 2-1　　適合於腦力激盪法的問題

問題類別	適合的理由	問題舉偶
產品的新觀念 銷售的新觀念	需從具有不同經驗的人中 獲取大量的主意	玻璃的新用途 商業專利的新市場 測試顧客新的食物觀念
排紛解難與 計畫	急需獲取大量的主意 需要知道許多可能原因	實行一新計畫所會有的問題 減少工廠的排煙污染 指出各單位或公司的將來需要
管理的問題	需要各單位人員毫無顧忌 地各獻所見	改進工作的安全措施 減輕庫藏的損失 用物資獎勵有功人員
程序改進	各種建議可以加起來的	各種價值的分析練習 如何改進大宗郵件的寄法 如何以便宜的方法維持室溫

般只參加過此法的人所可以隨便模仿應用的。

3. 介紹腦力激盪守則

許多市井上所用的腦力激盪法並無守則，任由參加人員自由發言。結果有的人發言一兩次後，因受到批評或得不到鼓勵就不敢再發言。亦有人好高求勝，必求一鳴驚人，因此遲遲沒有發言。為使腦力激盪法收到最大的效果，主持者必須先讓參與者知曉以下四項法則：

(1)不能批評他人的主意，亦不能微露驚愕與不悅（屑）

表 2-2　不適合於腦激盪法的問題

問題類別	不適合的理由	問題舉偶
只有一個或少數幾個對的答案；或看起來只有一類的答案	問題並非開放式的適於分析思考	誰應負責公司的多樣化 計畫下一步應用什麼化學原素以產生良好的效果
極端分歧與複雜的問題	開始時會產生大堆大而無當的解答，由此而重新界定了問題	公司應如何省錢 如何減少世上的污染
主意會被決策者否決	適於分析思考	實驗室應搬到何處去
高科技的問題須靠有類似經驗的一組專家或一人來解決	由背景互異的人參與腦力激盪法比較適合	如何去綜合產生一個可獲專利的新綜合元素
操作或激發不可能參與腦力激盪法的人的問題；或不完全支持腦力激盪法的顧客所委交的問題	錯估參與者的影響力	如何去說服公司董事給我這一單位更多經費

之色。

(2)歡迎「百花齊放」，尤其是稀奇古怪的新意。

(3)求量為先，以量生質。

(4)鼓勵綜合與改進他人的主意，將他人的主意變成更好；或且將二、三人的主意綜合起來以產生另一主意。

使用腦力激盪法的人必須對這四項守則有真切的認識方可發揮其效用。依筆者的經驗，以上守則最容易被忽視的是第一與第二條。小組中若有人出怪主意或離經叛道的主意，總會有人露不恥之容，或不信其可行。其實頭兩項守則的用意：一方面在於使人無所顧慮地敢說敢言；另一方面在於希望一個主意，無論是荒誕到什麼地步，成為另一個更好主意的跳板。也就是如此，奧斯本認為不應先計較主意的品質，因為這會使人在說出主意之先，先行過濾評鑑一番，在這種情形之下，稀奇古怪的新意便鮮有機會激發他人的主意了。

4. 組織小組

小組人數以十至十二人最為理想。過多則人員就無暢所欲言的機會；過少則場面冷清，影響參與的熱誠。參與者最好能職位相埒，對問題均感興趣，但不必皆屬同行。組員中最好有一兩位創造力強的人以供激發他人的思考。

5. 發動腦力激盪法

小組長重新敘述主題，要求小組人員貢獻與該問題有關的主意。小組長自己必須善於運用激發思考的方法，風趣橫生，使場面輕鬆，但卻能使參與者堅守腦力激盪法的守則。若小組

人員過於拘束，小組長可以先出一個較輕鬆的題目藉以練習，並製造輕鬆的氣氛。若是有人批評他人的主意，應立即予以勸止。若是腦力激盪法流為自由討論，則會產生發言不平均的現象。有時亦會變成一場辯論會，少數人爭得面紅耳赤，浪費時間。為避免這種情形發生，鮑查德（Bouchard, 1971）提倡了輪流發言制。應用此法時，若是有人一時想不出主意，他可以放棄這一輪的機會以待下圈。如此一輪再輪，以使每人都可以貢獻主意。過去有人發現單獨腦力激盪法（即獨自應用腦力激盪法以產生主意）較優於小組腦力激盪法。自從用輪流發言制之後，鮑查德發現單獨法之優點已不復存在。

6. 另加剷空心思法

腦力激盪法進行到人人已臨窮途短計，竭精殫慮之時，小組長必須堅持再來數圈，務使每人焦心苦慮，盡出妙計。奇思妙計往往會在剷空心思的壓力之下產生。若是遇到主意中斷的情形時，他可以：

(1)發給每人一張與問題無關的圖畫，然後講出從圖畫中所獲的靈感，或改進先前所產生的主意。

(2)休息幾分鐘，讓參與者自行選擇休息的方法，散步、唱歌、喝茶等，然後再來三輪腦力激盪法。

(3)改用以下所介紹的角色激盪法。

(4)用下列數種奧斯本（Osborn, 1963, pp. 175-176）所提議的方法以使主意繼續轉動：

①提醒可做其他的用途：原物還有其他新的用途嗎？假如經過修改，是否還有其他的用處？

②適應：有其他別的東西像這個嗎？是否可從這個物品中想出其他的辦法？以往可鑑嗎？我可以照樣做嗎？誰可效法？

③修飾：改造舊的？改變原意、顏色、動作、聲色、氣味、形式、形狀？還有其他可改變的嗎？

④放大：可以另加些什麼？需要更多時間？更多的次數？強一些？高一些？長一些？厚一些？額外價額？加些「佐料」？複製？乘數的增加？誇大？

⑤縮小：減些什麼？變小？濃縮？袖珍化？放低？變短？弄輕些？省略？流線化？分裂？低估？

⑥代替：有其他可代替嗎？有他人可代替嗎？其他成分？其他材料？其他過程？其他權力？其他地方？其他方法？其他聲音？

⑦重組：交換零件？其他模式？其他布置？其他序列？改換因果關係？改變速率？改變時間表？

⑧顛倒：正負互換？反過來甚麼樣？可否反轉過來？倒轉來看看？互易角色？互換位子？

⑨組合：要不要將之混合、合金、雜集、合奏？單位組合？把目的合起來？將吸引力合起來？將意見合起來？

　　這九種方法不但可以在腦力激盪法中提示意見，而且可以在創造過程中作為自我質問（self-interrogation）之用。其主要作用在於破除固執性，使一個人的思想變得更有伸縮性。

　　7.記錄主意

　　小組設記錄一員，由職員或組員擔任。主意必須以數字注明順序，以便查照。必要時可以用錄音機補助記錄，但不可以之取代筆錄，因筆錄便於參與者當場查閱所已經發表的主意。

　　腦力激盪法結束之後，小組長可以看情形而決定是否讓組員選擇最好的主意。若由組員選擇，必須於出完主意之後，決定選取優良主意的標準。比較通用的標準為可行性、效用性、經濟性、大眾性等。很多工業機構不願好主意外洩。若欲守密，小組長可以根據小組所決定的或自行擬定的標準自行決定應採取那種辦法。他也可以於結束之後通知組員繼續思考一天。若還有主意，可另以書面提出。

　　評語：腦力激盪法雖然在工業與學校中普遍使用，其效果是否如奧斯本所預期，頗值得懷疑。在理論上，奧斯本由量生質的假設並不見得成立。量多當然產生較好主意的可能性也多，但是我們只能期望得到較好的主意，而不能期望在每一個腦力激盪組上都會產生卓見。我們更不能期望在一組歐洲黑暗時期的天主教神父中，用腦力激盪法產生進化論的思想或在華爾街銀行家之中產生道家的無為哲學。在另一方面，量和質在人才中往往是互相關聯的。具有高度創造潛能的人他所產生的每一主意的品質可能都會比不富創造性的優秀。多產的人往往就是優秀的人。換言之，量由質生，智力很低的人不會有多產的表現。這些人若都在腦力激盪組中很可能連最低的量都產生不出來。

　　此外，奧斯本所謂個體在團體中可以產生更多而且更好的主意的真實性也應視腦力激盪組的組成人員與所討論的題目而

定。奧斯本的假設或許適合於解決工商界的簡單問題。個體在
團體討論中之所以會產生更多而且更好的主意，是因為他本身
有能力產生這些主意。但有時由於本身的固執性或鑽牛角尖而
不能產生更富於伸縮性的主意。在這種情形之下，腦力激盪的
技術或許會激發個體所蘊存的才華而使之表面化。但腦力激盪
法並不能使個體產生超過他所蘊有的才華。

　　反之，種種個案的研究以及實驗研究（ Guilford, 1967, p.332 ）顯
示小組討論對主意的產生有種種的限制。在小組中一個具有控
制慾或表現慾的人會影響他人表達主意的機會與方向。不過鮑
查德的輪流發言法當可避免這種毛病。此外，富於創造性的人
大多喜歡獨自深思，而且有些人還需要在特定的地點與情況之
下運用思考。在這種情況下，奧斯本的團體激發個體靈感的假
設不能成立。總之，腦力激盪法雖然已甚普遍，但腦力激盪法
的一些假設還須要實證，而其應用的範圍與效果是有限的。

　　結論：如前所述，奧斯本原先是將腦力激盪法用在產生在
廣告上可以用的新奇主意上。參與的人員對主意的產生都有切
身的關係，所以動機都很高。由此可知腦力激盪法至少要在以
下的一種情形下最能收集思廣益之效：

　　⑴一些參與者很開放，可以毫無忌憚地發言。

　　⑵一些參與者對問題已深加熟慮，幾至山窮水盡的地
　　　步。

　　⑶一些參與者對問題相當熟悉。

　　⑷參與者對問題相當熱心，都想另出奇謀。

　　⑸小組長對此法很有經驗。

　　缺少以上任何一個條件，便難以產生新奇的主意。為了補救腦力激盪法的不足，有些人便另加上一些有助於腦力激盪的因素。以下便是一些變異的腦力激盪法。

(二)角色激盪法（Rolestorming）

　　角色激盪法為格立格（Griggs, 1985）所創。他有感於多數的參與者不能完全地開放心胸，暢所欲言，便於使用腦力激盪法之後，另加角色激盪法以增加一些別開生面的主意。他原來的方法共有以下前三個步驟，筆者使用過後發現有的人在扮演角色的過程中，往往會另外產生與角色不相稱的主意；此外，所產生的主意必須加以評價選擇，因此再加上第四與第五個步驟。

1. 用傳統式的腦力激盪法產生二十至三十個主意。
2. 每人默默地自選一個角色來扮演。所選的角色必須是所服務機構之外的人物，例如顧客、檢查員、對手、敵人等。
3. 基於所選人物的態度、喜好、利害關係與所應有的意見等而替他發言。發言時可用以下各種起頭語：「我的人會……」、「我的人會喜歡……」、「我的人會要……」
4. 離開所扮演角色的立場，以使在第三步驟中所產生的不合所扮演角色的主意有機會在這一階段說出來。
5. 評價與選擇可行的主意。

以上五個步驟，前四個可以先行告訴參與者，第五個步驟

則可不必。因為參與者若是知曉自己所產生的主意會被公開地品頭論足，就不會毫無忌憚地貢獻所思了。主管單位可以視問題的性質而決定是否要讓小組評價選擇或將主意帶回另行評價選擇。

以上第三個步驟可以予以更改以使所扮演的角色為眾所周知的超級英雄。小組長可以先提供一些如魔術師、孫悟空、楚留香、馬蓋仙等性格互異的英雄角色讓參與者選扮。參與者也可以自選一個英雄角色來扮演。為使氣氛輕鬆，小組長可以準備一些彩色紙筆，膠帶與大頭針等讓參與者做個上面寫著該英雄名字的紙帽戴上。參與者也可以做個一尺見方的標記貼在胸前，標記上寫著該英雄的名字。每個參與者都必須在腦力激盪前向小組自我介紹所扮演的角色。以下是一些例子：

魔術師：我是魔術師。我可以使有變無，使無變有，一切
　　　　障人耳目的事我都會做。

孫悟空：我有千里眼，順風耳，千變萬化，唯我悟空。遊
　　　　戲人間，人奈我何。

楚留香：在下楚留香，能文會武，風流倜儻，琴挑芳心，
　　　　指有禪功。

馬蓋仙：出生入死，排除萬難；廢物利用，絕處逢生。本
　　　　人馬蓋仙是也。

在腦力激盪時，各人必須貢獻適合於自己所扮演英雄的主意。例如有一個超級英雄腦力激盪小組在探討杜絕毒販的各種主意時，魔術師建議用請君入甕之術將某方面的毒販一網打盡。此主意幾經修改，變為由一探員假裝的臥底毒販出面召開

毒販技術交流會議以便一網打盡。此主意施行的可能性雖然不大，但可以保留，俟機修改。孫悟空之「千里眼，順風耳」的主意使人想出利用衛星來偵探毒田與運毒的交通工具。楚留香則建議用美人計，請其手下的美女請君入甕。馬蓋仙則要自告奮勇，身入毒巢，充當耳目。最後綜合各人的主意，決定派美女與馬蓋仙之類的幹員在毒販中臥底，俟機建議開某種會議，或等待有大規模集結時通知警界，以便一網打盡。

以上這個例子是在顯示超級英雄腦力激盪法的用法，其所想出的方法雖然無甚新意，但可以暫為保存，以俟更新。這種扮演超級英雄的腦力激盪法要比傳統的腦力激盪法為難。參與者要有豐富的聯想力方能化無意義為有意義。常用腦力激盪法的機構可以以此來換個口味，或在腦力激盪法到山窮水盡時用之，以之增加新主意也。

二、筆寫式的腦力激盪法

㈠壁報題詞法

我國古代的文人墨士喜歡在名勝地區的寺院樓亭的牆壁上題詩唱和。他們或者觸景生情，或者見到他人的題詞而觸動自己的靈感，也在牆上和了一首。我們不妨將這種雅致與腦力激盪法結合，化詩詞而為主意，便成為牆壁題詞法了。其實此法早為在德國法蘭克福的巴泰爾（Battelle）思想庫所用。其法是將主意貼在牆上，讓參與者像在畫廊裏看畫一樣地參觀瀏覽，所以稱之為畫廊法（Gallery Method）。其法（VanGundy, Jr., 1988, p.151）

經過筆者試用後而將之增改成以下幾個步驟：

1. 組織獻意小組，人數五至七人。

2. 將問題於事先發給參與者，以便在會前深思熟慮。

3. 討論並澄清問題以確保對問題的了解。

4. 每人發給一張大的布告紙以及一枝粗筆，顏色因人而異。

5. 每人在約二十分鐘之內將主意寫在紙上後，自行貼在牆上。

6. 參與者參觀瀏覽貼在牆上的大字報，並在上面加上自己的主意。

（原來的程序是參與者參觀瀏覽貼在牆上的大字報，將可資進一步發展的主意抄下來，然後將由此所激發的新的或改自他人的主意寫下來。）

7. 小組討論並選擇可資進一步考慮或執行的主意。

這個方法對不喜歡講話的人比較有用，可避免在口頭表達時有人短話長說，或壟斷會場，因此可以節省時間。假如小組人員中有其他人員之長輩級的人物，則為避免受其影響，可用此法。依筆者的經驗，此法不如傳統之腦力激盪法有趣，在激發主意上，也遠遜於腦力激盪法。但有時為了換換口味，不妨偶而用之。

(二)六三五筆寫法（VanGundy, Jr., 1988 pp. 156-157）

這個方法的要點盡含在三個數字之中。六是表示一組六人，三是每人必須產生三個主意，五是每輪流一次用五分鐘。此法沿用迄今已有二個改進本。茲以原本為主，而將所改進的

在括弧中予以註明。

1. 一組六人坐在圓桌邊，由組長交給一個問題。

2. 每一組員寫出與問題有關的三個主意。

> （另二種方法是將問題與主意分別寫在三張卡片上；或每人分發一張印有三
> 欄的表格，每一欄的頂端寫一個基本的主意。參與者就該主意而改善之，若
> 不能改善，則寫出自己的主意。）

3. 五分鐘之後，參與者將所寫的傳給鄰座或事先指定之人，例如甲與乙的卡片指定傳給丁。

4. 收到主意的人就在五分鐘內於原件上就該主意加以改善，或加上新主意。

5. 重複以上第三到第四步驟以迄各人收回自己所寫的為止。不過若是用指定人制度，則以得到五個改善的主意為止。

6. 組長收回所產生的主意以供進一步評選。

六三五筆寫法可以使沉默的人獻議，壟斷會場的人無用口之地。其所產生的主意多經深思熟慮，主意的品質應比傳統的腦力激盪法為佳，而且其要點是在改進他人的主意，所被更改的主意之間有其繼續性，因此對於廣告，卡通與設計之類的創造比較適用。但是由於此法並沒有事先說明要參與者產生稀奇古怪的主意，所以此法所產生的主意，邏輯性較強，比較適合於保守的人物。此外，此法雖然可以避免很多荒誕不經的主意，由於參與者並無交談的機會，對於談笑風生的人物並不適用。筆者用此法時發現有的人不到五分鐘就將主意寫好，剩下的時間便與鄰座交談，打擾其他人的作業。所以組長必須在事

先吩咐不應交談，或將第二步驟改為「在五分鐘之內寫出三個以上的主意」。

(三)先寫後談法

以上所介紹的腦力激盪法，有的只用口述，有的只用筆寫。口述的可能未經深思熟慮；筆寫的又太枯燥，參與者得不到水乳交融的樂趣。為了擷長補短，各種各樣的綜合法便告產生。這些方法的基本要素是先讓參與者就問題寫下一些主意，然後由小組人員討論每一個不同的主意。若由此而產生新主意，亦可順便，或另開一場討論會討論之。以下茲介紹一個比較複雜的先寫後談法。

遠在腦力激盪法流行之前，美國的工商界在五〇年代已經有很多機構使用各種小組人員筆寫式的集思廣益的方法。後來有一位英國的管理專家（Bosticco, 1971）將各種方法綜合起來而發展成一種稱為「有系統的直接歸納法」（Systematized Direct Induction）的方法。這種方法可以用來討論與整個機關，尤其是人事方面有關的問題。此法經筆者在學生中試用後改為以下三個階段共十九個步驟。筆者另在關鍵性的步驟上加以實例以助了解。

1. 準備階段
   (1)討論會的主持人決定論會的目的，並且準備一些黃色、粉紅色與青色便條。粉紅色便條的上方寫著「如何去……」字樣。
   (2)主持人決定討論會的參與人員。以每一單位派一個代

表為原則。

(3)將全體人員分組，每組四人。

(4)主持人說明討論會的目的。

(5)主持人將所要討論的問題寫在黑（紙）板上。並在每人的座位上放一張黃色便條。

　　實例：如何防止大學生退學？

2.問題發現階段

(6)請參與人員將日常工作中與黑板上所寫問題有關的最大的問題寫在黃紙上。參與人員所寫的最大問題為：

　　缺少參與學校活動

　　個人問題

　　經濟問題

　　不能自律

　　缺乏學習動機

　　健康問題

　　家庭（父母子女）問題

　　缺少支持

　　自視甚低

　　價值觀念不同

(7)主持人收集黃紙，代之以粉紅色便條。

(8)請參與人員完成粉紅色便條上的問句「如何去……」。而這個所陳述的問題必須是與第六步驟中在黃紙上所述的問題有關。

　　實例：有很多參與人員寫：

如何去……

增加對學生的財務援助？

(9)每一組用十分鐘來討論各人在第八步驟中所記下來的問題。

(10)十分鐘之後停止討論，各人重覆第八步驟的問題陳述。每人至少再寫一個，但不得超過五個問題陳述。

(11)各人將問題陳述依其重要性予以評等。最重要者為第一等。討論與評等的結果。下列所改寫的問題被評為第一等：

如何去增加對學生的學費援助？

(12)休息十分鐘。主持人在每人位子上放一張青色的紙張。

3. 解決問題階段

(13)請參與人員在便條上寫出一個對第一個問題的解決主意。以下是以一人的主意為例：

如何去增加對學生的學費援助？

　　增加工讀的機會。

　　請聯邦增加對工讀生補助的名額。

　　請工商機關補助。

　　等等。

(14)請各小組討論各參與人員在便條上所寫的問題與解決主意。

(15)請參與人員在便條上寫出一個對第二個問題的解決主意。然後重複第十四步驟的討論。如此這般到各人的

所有問題都討論到為止。

⒃各人將在討論中所得到的與各問題有關的新的主意寫下來。

⒄各人將每對的粉紅色（問題）與青色紙張（解答）釘在一起，並用橡皮圈將一對對的便條束在一起繳給主持人。

⒅主持人、機關所指定的人或另請的解決問題專家分析綜合所有的資料，並將結果寫成報告。

⒆將報告送交主管執行。

以上所提供的例子旨在幫助對某些步驟的運作的了解。例子中的主意係由學生所產生。若由實際的行政人員參與，或許其結果會大異其趣。

第三節　概念激盪法

概念激盪法一辭乃筆者所創，意為利用概念來激發另一概念或主意。一般所謂之聯想法便是概念激盪法的骨幹。腦力激盪法流行迄今，已有一些替代的版本，如 brainwriting, goalstorming, rolestorming 等等，假如我們要替概念激盪法找一英文字，則可以稱之為 conceptstorming 。

腦力激盪法的特徵在於用集思廣益的方法就問題而激盪出許多主意。其所產生的主意不一定只限於解答，也可以是就問題而產生出更多的問題。概念激盪法則不以問題為激發點，而是用概念（單字）來激發聯想力。但是用概念激盪法時，也可以

用腦力激盪法的一些方法來產生主意。腦力激盪法中所有的
「增改他人的主意」以及「以他人的主意激發自己的主意」的
現象在概念激盪法中不易產生。

一、聯想法

聯想法是一般人所常用的記憶法與創新法。不過一般人隨
意所用的聯想法不見得能夠盡量發揮聯想的功用。近代創造心
理學家所設計的一些啟發主意的方法，都有聯想的成分。筆者
選其精粹而易用者兩種：六 W-H 法與共通性聯想法加以介
紹。

㈠六 W-H 法

一般人所慣用的聯想是盡量搜盡枯腸，從一個東西聯想到
另外一些東西；從一個字聯想到另外一些字。這種聯想法並不
是很有效。當其無效時，不妨用本書第三章第三節所說的向上
歸類法將聯想的起點訊息往上推類，然後用該類的類名作為起
點而聯想到屬於該類的訊息。

我們也可以用現成的類目，例如六 W-H 法來激發聯
想。六 W-H 是指 who、which、when、where、why、
what purpose、how 或人、物、事、時、地，常理與方法。
我們可以從「人」上聯想到與某一訊息有關的人物；從「地」
上聯想到與某一訊息有關的各個地方等等。由此可見此法對於
回憶很有幫助。用在尋找主意上，我們可以用來作自我詢問以
激發聯想。以下是一些自我詢問的問題以供參考，讀者應視主

意的性質而自行設計一些可使頭腦急轉彎的自我詢問的問題。

人：是否可以換人？不用？增加？減少？改扮？易容？替
　　身？再教育？找關係？一人多用？由他人出面？角色
　　互易？以長補短？因時地而異？

物：是否有他物可以取代？改進？借用？租用？著色？修
　　理？分類？重組？加大？縮小？增加？減少？自製？
　　買二手貨？換湯不換藥？去小存大？因時（地，人）而
　　異？

事：不辦？多辦？合辦？少辦？自辦？他辦？不提？重
　　提？再辦？改辦？

時：速辦？緩辦？隔時？易時？因人地而異？

地：易地？分地？異時異地？易地而後回原地？

常理：為何？為何這樣？是否可以不這樣？

目的：是否可以改？加多？減少？不做？先做？後做？再
　　做？因時因地因人而異？

方法：死馬當活馬醫？其他不勝枚舉，可參考三十六計與
　　本書各章。

　　這個六 W 法以人、物、事、時、地與方法的英文的第一
字母作提示，簡單易記，在日常生活中最為有用。這個方法也
可以用來發展審問的態度，尤其是用「為何」來向常理挑戰：
「為什麼要結婚？」、「為什麼磁碟片是方形？」「為什麼西
瓜是圓形？」等問題都可以發人深思，甚而導致新的發現或發
明。

(二)共通性聯想法

這個方法的原名是「遊戲」（Games），為范甘地（VanGundy, 1988, pp. 152-153）所創。其法是用遊戲的方式隨便想出三個類目概念，然後列出每一概念的例子或屬性，最後找出各類目下屬性的共同點以產生更多的主意。產生最多主意者便為贏家。

筆者有一個學生應用以下八個步驟以讓班上的學生替他想出一些引起學習動機的方法。

1. 向小組提出所要解決的問題，並且告知主意最多的小組為贏家。

實例：有很多學生往往對於作業與準備考試提不起興趣。我這一年除了有繁重的課業之外，尚須準備博士資格考試。我希望大家能替我想出一些引起學習動機的方法。

2. 選擇三個類目，並將類名寫在黑板上。

實例：該生所選的類目為：宗教、研究所與關係。

3. 要求組員在每一類目上列舉四、五個例子或屬性。

組員所列舉的例子為：

宗教	研究所	關係
基督教	研究	羅曼史
禱告	心理壓力	交談
天主教	教學	殘忍
佛教	工作	性愛
猶太教	畢業	快樂
狂言者	畢業典禮	情緒

4. 將小組分成數組，每分組最多不能超過八人，以五人上下最為理想。

5. 各分組人員必須在以上各類目中任選一項目以尋其共同性。

實例：組長用以下例子加以說明：

問：籃球、雷射，與英文的共同點是什麼？

答：是課程的一部分。

茲將各分組所實際列出的共同點列舉一部分以見梗概：

組合	共同點
天主教╱研究╱羅曼史	控制
天主教╱壓力╱羅曼史	逼迫
天主教╱畢業典禮╱情緒	堅信禮
天主教╱工作╱殘忍	寺院
基督教╱教學╱交談	慈悲
佛教╱畢業╱快樂	解放
禱告╱心理壓力╱交談	壓力
狂言者╱研究╱失敗	不研究
天主教╱研究╱羅曼史	

6. 各分組人員必須在以上各共同點中任選一項加以討論發揮。總共的時間是十分鐘。第一組所討論的共同點是「控制」，除了討論教徒受教義所控制，學生受學規所控制之外，小組人員還在戀人的互相控制上大做文章。另一組所討論的共同點是「解放」。

7. 各分組人員在十五分鐘之內將前一步驟所得到的主意作為引子以產生與該共通點有關的更多主意。討論「控

制」的那一組建議自己規定每天必須至少騰出數小時以
準備功課、讓女友監督其準備功課的時間、與同樣情形
的同學組織一個共學組，彼此監督鼓勵等。討論「解
放」的那一組建議一些諸如聽音樂、打電話、馬殺雞等
的解放活動，每次做完預定的功課便去輕鬆一下。

8. 計算各分組所產生的主意。宣布產生最多主意的分組為
贏者。

以上這些步驟旨在協助有問題的人產生主意。問題的擁有
者事後將所產生的主意帶回評定採用。在使用此法時，有人在
第五、六或七步驟中產生與各步驟規定不符但又對解決問題有
關的主意。例如在第五步中有人不能想出三個東西的共同點，
但卻能發現兩個東西的共同點，而這個共同點要比一些三個東
西的共同點更有意義，在珍惜民意的價值觀下，我們不能置這
種主意於不顧。使用這個方法的人可以在做完每一，或最後一
個步驟之後，宣告解除該步驟中所規定的限制，歡迎大家說出
在規定之外所產生的主意。

二、比擬法

將一個物品、現象或道理比做另一個物品、現象或道理的
方法稱為比擬法。這個方法又稱做類比、類推、隱喻、明喻
等，以人為比擬對象的稱為擬人法，以生物為比擬對象的稱為
生物模仿法。以下的創作都是比擬法的產品：

如花似貌，玉樹玉風。

天寒猶有傲霜枝。

霧，在小貓的腳上，來了。

電話，電腦。

不過各個比擬的顯明度相差很大。「如花似貌」直接地將相貌比做花，是屬直接的比擬，其比擬的作法極為顯明。「天寒猶有傲霜枝」是將有氣節的人比做梅花，其隱喻需要讀者自己去領悟。至於電話電腦的發明則是從人體器官上得到靈感。以上所說的相貌、氣節等都是被比擬的對象。

㈠戈爾登的比擬法

發明多種創造法的戈爾登（Gordon, 1973）將比擬法作為主要的創造方法。他將之分為兩種：

直接比擬（direct analogy）

切身比擬（personal analogy）

直接比擬，也就是明喻，是將甲乙兩個東西拿來比較其相似性，甲是所要說的東西，乙是拿來描寫甲的。例如：「一隻螃蟹（甲）爬得像一個鬼鬼祟祟的小偷（乙）。」「霧（甲），像貓（乙）一樣地走進來了」。由於作者能夠看出兩者的相似性，因此纔能寫出這樣的句子。不過也許作者不能得到靈感，一下子看不出恰當的相似性，便須多方聯想，甚至就任何兩物，列舉其相似性。不過為免浪費精神，還是有些原則。假如要醜化甲，乙就必須是令人討厭的東西；要美化甲，就必須選大家認為美好的東西。然後利用另外一物（乙）的特點來比喻所要講的東西（甲）的特性。

切身比擬是將自己投入他物之中，以理解他物之智情意；

或以他物之智情意來表達自己。這裡所謂之「他物」，可以包括人、動物與擬人化的物品。李商隱的「春蠶到死絲方盡，蠟炬成灰淚始乾」便是一個境界很高的自身比擬的例子。倡導無為的夏克托爾（Schachtel, 1959, p. 179）舉一例以說明客體為中心的知覺模式：

> 「為了充分地去欣賞一朵花，個體不但應向那美麗的
> 色彩開放，把握住她的形相，並順著亭亭玉立的花莖
> 而心馳神凝，而且還感受到花朵低垂的重量。」

這個例子也說明了切身比擬的方法。

我國的文學批評家王國維則對切身比擬提出了一套理論。他在《人間詞話》一書中說：

> 「詩人對宇宙人生，須入乎其內，又須出乎其外。入
> 乎其內故能寫之，出乎其外，故能視之。入乎其內，
> 故有生氣，出乎其外，故有高致。」

這裡所說的「入乎其內」，就是切身比擬的要訣。他又對詩詞的意境，提出兩個層次：「有我之境」與「無我之境」。有我之境對物我的描寫皆帶著我的色彩。詩詞中所表現的喜怒哀樂，都屬我境。例如「淚眼問花花不語，亂紅飛過秋千去」「可堪孤館閉春寒，杜鵑聲裏斜陽春」都是有我之境，也都是很有詩意的切身比擬。至於無我之境，已經超過切身比擬的範

圍，在此從略。

戈爾登（Gordon, 1973, pp. 22-24）曾經以教學為例，列舉出四種切身比擬的層次：

- 描寫自己的事實。這是層次最低的，沒有感情的比擬。

  例如：

  老師：假想你是一隻螃蟹。

  學生：我的外面會很硬，裡面很軟……

- 描寫自己的情緒。不能深入地描寫自身的感情。

  老師：假想你是一隻螃蟹。

  學生：我會忙於覓食，但也必須留意不要成為一隻大魚的美餐……

- 與一生物切身地認同。這表示真情地關切與參與，幾乎與對應合而為一。

  老師：假想你是一隻螃蟹。

  學生：我被一層盔甲所包，你以為我會處之泰然，其實我不能。還有那大螯，不說也罷。它像一個大武器，但是它無聊至極。我用之張牙舞爪地去驚嚇他物，但我幾乎提不起他……

- 與一非生物切身地認同。這比與一生物認同更難，必須仁愛兼備，感而遂通也。

  老師：假想你是一堆軟泥，有螃蟹築窩其中。

  學生：我想不會有人在乎我是否在此。我滿身是洞，夜晚有螃蟹在其中爬行。他們縱然感激，但我只是泥土而已。我想為螃蟹做些事以使他們感激。不

　　過，假如沒有我，那些螃蟹一夜之間就會被吃得
　　精光。

老師：你如何使螃蟹感激你？

學生：我想當螃蟹爬進來後，我就可將洞封閉。那就可
　　　保護他們了。糟的是我動彈不得。當我看到一隻
　　　螃蟹即將被魚所吞，我真想流出去把它包起來而
　　　救它一命。但我卻無能為力。

　戈爾登認為這最後一例是境界最高的客我交融。它顯露出
對軟泥與問題的卓見。有許多發明家具有這一類的切身比擬。
有一個電機工程師（Dr. Rich）獲有 109 種專利，他在思考問題
之時，把他自己當做電子，其行蹤被繪製成圖，並幻想自己是
一條光束，如何被測量。（Gordon, 1973, p.24）戈爾登教其發明公
司中的研究員應用切身比擬法來尋找靈感。他也訓練教師應用
此法幫助學生切身理解並感受他物的感覺。

㈡第波諾的比擬法

　比擬法在第波諾（de Bono, 1973, pp. 169-173）的水平思考法中
也有很重要的地位。他主張用這種方法來產生具有激發性的主
意。他的方法是先將問題化成一種比擬，例如將一個調查謠言
散布的問題比做滾雪球，然後發展所作的比擬，亦即詳細說明
兩者的相似點。最後以所比擬的細節與問題相聯以視是否可以
提供對問題的新觀點。以下是其訓練學生應用比擬法的步驟：

1. 先行示範

　　為使學生了解比擬法的運用，教師先行示範將問題化成

一種比擬，詳細說明兩者的相似之點。

2. 再行示範將比擬與問題相聯

　　以所比擬的細節與問題相聯，例如雪球會越滾越大，亦

　　正如謠言之越散布越廣。

3. 練習將比擬與問題相聯

　　教師提出一個比擬以供學生將比擬的細節與問題相聯。

　　比擬的細節必須多樣化與充分化。

4. 練習從同一個問題中去找不同的比擬

　　一個問題：

　　　　霧中找路。

　　不同的比擬：

　　　　（猶如）近視的人在找路。

　　　　（猶如）一個外地人在找火車。

　　　　（猶如）在屋裡找遺失的東西。

5. 練習用同一個比擬去表達不同的問題

　　一個比擬：

　　　　在一個寒冬的早晨去發動老爺車。

　　不同問題：

　　　　去解答一個數學難題。

　　　　在廣州買車票。

　　　　危樓救美。

　　　　風中點燭。

　　一般專家談比擬法都只涉及從同一個問題中去找一個恰當

的比擬，第波諾方法的貢獻在於從同一個問題中去找不同的比

擬，以及用同一個比擬去表達不同的問題。但依筆者教學的經驗，並非每一個學生都知道如何產生比擬。第波諾比擬法的第一步是要「將問題化成一種比擬」，但並沒有說明如何將問題化成比擬。因此筆者進一步將比擬法分析成以下幾個步驟而名之曰列舉式比擬法。

㈢列舉式比擬法

1. 確定被比擬的對象，以上所說的相貌，氣節等都是被比擬的對象。這也便是第波諾所謂之問題。
2. 選擇一些具體的比擬對象。換言之，選擇一些與問題相似的東西。假如被比擬的對象（問題）是用來寫詩，則比擬的對象最好是日常生活中具有感性的物品。
3. 盡量列舉被比擬對象與比擬對象之間的相似點。
4. 選擇最有意義的一個相似點。假如一無所取，便另取一個比擬的對象，重複第三步，以迄得到一個滿意的相似點為止。
5. 從事文藝創造的人，可以根據被比擬對象的性質，將比擬用擬人、擬動物（例如將霧起比做貓的來到）、或擬物的方式表達出來。從事說理性或發明性的人，可以模仿比擬對象的構造、功能、關係或其他方面的特徵。

以上這個比擬法雖然可以用來產生發明的主意，但以用來產生哲理、笑話、卡通、藝術品等具有隱喻性或明喻性的短句最為有用。這一類短句的妙用在於使對方自己領悟訊息中的道理。用比擬法，在文藝上易於得到共鳴，在闡說上則易於達到

改變行為之功。所以在春秋戰國時代的諫者說客等，多用這種迂迴的方法來使國君領悟而改變主意。假如直接地以說教式地說出來，則便表示「你對我錯」、或「你贏我輸」。這種感覺是很難為帝王所忍受的。

三、觸類旁通法

如前所述，行為心理學家認為創新的主意是由訊息的刺激所引起。新的刺激產生新的反應，非正規的刺激控制非正規的反應。有很多工商界所用的以各種各樣的訊息，如單字、圖畫、物品等來激發主意的方法，與行為主意的創造理論不謀而合。筆者將這類的方法，包括以下所介紹的三種：隨機輸入法，類目分殊法，與特徵分析法統稱為觸類旁通法。

㈠隨機輸入法（Random Input）

隨機輸入法是隨便用一個名詞作為輸入（或刺激）字以與問題有關的字相聯結而成一新主意。例如一個公司要製造一種新的電影放映機，其輸入字是「鼻子」，將電影放映機與鼻子聯起來便會得到以下一些主意：

將電影放映機做成像鼻一樣。

電影放映機會與劇情配合放出香氣。

假如這兩個主意都不行，便可另找一名詞來引發新的主意。在眾多的聯結中，總有一個好主意可以進一步發展成新產品。

隨機輸入法是由第波諾於一九六八年所創，自此之後廣為

各界引用與應用。據他（de Bono, 1922, pp. 177）所說，應用不當者所在多是，我們必須先知其由而後知其所用。

　　實際上第波諾並沒有將理由講得很好。他只說人類的腦子對於牽連最為拿手。即使極不相關的詞字也可以牽連在一起而使之變成相關。驗諸許多由文字所引起的禁忌（如不能送傘，也不能送鐘）以及歷代許多文字獄的興起，此言的確不虛。不過若論其理由，則行為主義對創新的解釋（詳見第一章），正好可以解釋隨機輸入法的功用。

　　隨機輸入法的要點在於隨機輸入一個字，而不是聯想一個字。因為所聯想的字，其關係與被聯想的字相當密切，不易產生新的主意。為了確保所輸入的字是隨機的，第波諾（de Bono, pp. 177-180）建議用以下任何一種方法：

1. 自行準備六十個，用數字將之從一排到六十。須要用字時，看手錶上的秒針，以秒數當做所須找的字的號碼，依碼取字。經常用此法的人應該每半年更換新字。以下是筆者在中文輸入法選字行中隨便選出的六十個名詞：

   (1) 日　(11) 桌　(21) 鞋子　(31) 豹　(41) 郵票　(51) 玉鐲

   (2) 門　(12) 弓　(22) 飛機　(32) 狗　(42) 槌子　(52) 磅砰

   (3) 骨　(13) 人　(23) 電話　(33) 槌　(43) 麵條　(53) 鐵鍊

   (4) 金　(14) 心　(24) 繩子　(34) 茶　(44) 啞子　(54) 手槍

   (5) 木　(15) 手　(25) 報紙　(35) 勘　(45) 唱片　(55) 眉毛

   (6) 水　(16) 戶　(26) 鉛筆　(36) 花　(46) 杯子　(56) 瀑布

   (7) 火　(17) 山　(27) 醬油　(37) 酒　(47) 速度　(57) 菩薩

   (8) 土　(18) 女　(28) 鈕釦　(38) 刀　(48) 市場　(58) 襪子

(9) 竹 (19) 田 (29) 機車 (39) 蛾 (49) 啟事 (59) 賀卡

(10) 虫 (20) 卜 (30) 模子 (40) 淚 (50) 才能 (60) 翅膀

2. 心中想出一個頁數與行數，然後從字典中的某頁某行中取字。若該字不是名詞，往下找到為止。

3. 有一加拿大人製造一個塑膠球儀，內裝一萬三千字。球儀邊有一手把，將其轉動便可使字洗亂，該球儀有一窗口顯出一個隨機所得的字。

4. 閉著眼睛將手指隨便指在報紙或書的一處，最靠近手指的名詞便是隨機輸入的字。

一言以蔽之，這些辦法的目的在於確保選擇名字的隨機性，因為若不隨機，例如選自己熟悉的、喜歡的、有意義的、或容易貫連的，就難以激發新穎的主意。一旦選上了一個字，就必須盡量想出與問題有關聯的主意。不要因難以激發新主意而另選他字。否則就失去隨機的效用了。

這個辦法沒有步驟，沒有人數與時空的限制，只要有一張報紙與鍥而不捨的心便可運用。所以它可以說是最方便的主意產生法。根據第波諾的研究，它在以下的幾個情形之下最為有用：

1. 在使用各種邏輯的與非邏輯的方法之後，都還不能產生令人滿意的新穎的主意。

2. 上司交下一個創造的任務，而你實在已經無計可施。在這個情形下，這個方法最為有用。

3. 你已經有一些主意，但認為還會有一些尚有待探討的不同類的主意。

4.思路阻塞，無心探索；江郎才盡，孔丘擲筆，只好求救
　　於洋人的隨機輸入法了。

㈡類目分殊法

　　每一項訊息都有其原來所屬的類目。堅持其原來所屬的類
目，就沒有什麼伸縮性。由於類目是人為的，因此是可以改變
的。如何予以巧妙地改變便要靠創造的功力了。

　　我們若是將一物用多種類目來分析界定，藉以產生各類不
同的意義或類目，而所界定後的訊息並不一定要解決某一特殊
問題，則這種能力便稱自發的變通力。例如一個物理學家發現
一種新的光波。知道這種光波的性質之後，他便可推想這個光
波的各種可能用途。為盡量使推想周到，他可以先設想可能用
途的類目，諸如醫療類、工業類、照相類、武器類等，然後就
各類再細想屬於該類的各種用途。再如一個教師要教學生在考
試時如何作答申論題。便可告訴學生在振筆疾書之前，先擬定
類目大綱，再就大綱中每一類目加上討論的資料。教師便以這
個申論題為例：

　　「假如康梁維新成功，中國的局勢將有何發展？」
教師可以告訴學生在作答之前，先擬定一個大綱如下：

1.前言
2.政制
3.政治
4.外交
5.學校（暫定）

6.（暫缺）

7.（暫缺）

8.結論

這個大綱中從二到五都可算做類目，六到七因一時想不出來，暫時不列。可能當學生寫到第三項「政治」時，會想到「經濟」一項。當然，學生也可能將二與三合併成一類。這種方法可用以下一種公式來代表：

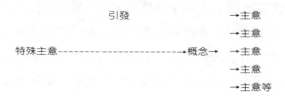

這個公式可以念為：從主意產生（類目）概念，由概念再生更多的主意。學生可能當時只能想到二或三種類目。在這種情形下，他不必再費心去想類目，而去細想每一類目中屬於該類的可能用途。換言之，此時他不再用自發應變力，而用流暢思考以產生同類的主意。當他應用流暢思考時，很可能會由一主意激發出另一類目的主意。此時他便可將該類目的名稱（概念）增列上去。以下便將每一類目可能有的一些主意列出：

類目概念 1：政治類（以下是屬於同類的主類）

可能還是君主立憲政體

可能不致失去蒙古

可能不會有國民黨

……（暫無）

類目概念 2：外交類

　　日本可能不會侵華

　　可能不會有雅爾達協定

　　可能沒有第二次世界大戰

　　……（暫無）

類目概念 3：經濟類

　　可能實行資本主義經濟

　　將無今日日本之經濟

　　生活水準超過英國

類目概念 4：教育類

　　（從略）

　　應用這種以類目生主意的方法時，所產生類目概念的抽象性最好能達到該類目的極限以便激發更多的主意。若是將上述「學校類」改為教育類，便可多包括一些主意。不過概念的主要作用在引起主意。若是由該類目所激發的主意並不屬於該類目（例如上述外交類的世界大戰），也無關緊要，因為當事者的目的不是在分類。不過若是以這種方法來產生一篇論文或申論的大綱，則每一綱目下的主意必須屬於該類。

　　總之，這種類目變動法是先用自發應變力以產生類目概念，然後再用流暢思考以產生屬於同類的主意。寫論文時，最後還須將各主意加以潤飾發揮，以成為上下貫通的文章。

(三)**特徵分析法**（Stimulus Analysis）

　　這個方法是德國法蘭克福巴泰爾研究所（Battelle Institute）的

兩位專家（H. Geschka and G. Schaude）所發展。它的基本程序是請參與者隨便講出幾個與問題無關的物品，然後利用物品的屬性來激發更多的主意。筆者試用的結果發現參與者總會在無意之中提出與問題有關的物品，因此使用者可以考慮不先通知所要解決的問題。原來的方法經筆者使用過後增改如下。整個程序約費時四十五分鐘。

1. 組織一個人數五至七人的小組。（以下的例子是用在筆者的班上。）
2. 組員隨便說出十個物品，例如：電冰箱、硫磺等。
3. 選擇其中一個物品而列舉其特徵（見第六步的例子）。
4. 分析每一個特徵。
5. 通知所要解決的問題，例如：早上電鈴響後還起不來。
6. 根據分析的結果來激發解決問題的主意。茲以電冰箱為例：

物品—電冰箱

特徵分析	解決問題的主意
儲藏食物	鬧鐘關掉後就吃東西
冷凍食物	把一袋冰放在頭上。
門開而燈亮	起床時間一到燈就自動亮了。
很重	起床時間一到就有重物壓身。
方形	欲將鬧鐘關掉，必須先採上一個方形物。
有雜音	將鬧鐘弄得很響。
有磁條	（無計可施）
用電	用電棒擊醒貪睡者。

7. 當所有的可能主意都出盡之後，重複第三、四與六步驟，一直到所有十個物品全部分析完為止。（例子從略）

8. 解放第六與七步所規定的限制，請組員將不在以上範圍之內的任何對解決問題有關的主意說出來。

9. 考慮所有的主意，將最有可能解決問題的主意抽出來以作進一步的分析。

問題所有者（她）最後從以上所產生的主意中綜合成一個解決的方案。那就是將鬧鐘放在廚房冰箱的附近，被吵醒後，房內的燈自動開亮，她必須起床走到廚房方可將鬧鐘關掉。鬧鐘關掉後就喝杯咖啡。

第四節　訊息修改法

修改訊息是一種輕而易舉的事，但是由於本章第一節中所述的各種思想閉塞的原因，一般人並不會變通而另想良策。有的人非常死板，不知舉一反三，也不知一物多用。這種人尤以富家子弟為多，因為他們多是用錢來解決問題，而不用創造力來另想良策也。在今天富裕的時代，越來越難找到巧婦了。

㈠辯證法（反其道而行）法

另外有一種情形，則是利用辯證法中正、反、合的過程，從平行或相反的方向另闢蹊徑，化沒問題而為有問題，然後便可就其新的問題而大做文章了。老子、釋迦牟尼、馬克思、愛因斯坦，以及楊振寧、李政道等都用此法而開宗立說，名振天

下。佛家的「看山（正）不是山（反），看山又是山」（合），以及老子的「道可道，非常道；名可名，非常名」等便是佳例。筆者也曾經應用此法而戲作一「快樂經」如下：

快樂之道

快可快，非常快；樂可樂，非常樂。無，眾欲之始；有，煩惱之母。故常無，可以觀其動；常有，可以觀其感。此兩者，同出而異名，同謂之苦。苦之又苦，百病之門。

天下皆知快之爲快，斯不快矣；皆知樂之爲樂，斯不樂矣。故你快我快，各快其快，你樂我樂，各樂其樂。你有我有，各享其有，你有我無，於我何關。有無相生，進退相成，悲歡相形，施捨相傾，歌舞相和，詩書相隨。是以聖人存無爲之欲，行不爲之志；萬物作焉而不據，生而不有，爲而不恃，功成而身退。夫唯知足，是以快樂。

若能稍假時日，將此經成書，亦可羽化而登仙，尋老子騎驢去也。以下便具體地說明辯證法的運用：

1. 正：陳述問題，或將解答中的主要概念（尤其是動詞）寫出來。

  例：問：如何加強公路上警車的巡邏以減少車禍？或
  問：如何減少公路上的車禍？

答：加強公路上警車的巡邏。

以上問與答中的主要概念是「警車」。

2. 反：提出一反常道或反其道而行的主意。

主意：不用警車。

3. 合：用假警車。

這個方法最主要的階段是第二步驟的「反」。反者反其道而行，其形式不一定要侷限於正好相反的陳述，只要一反常道就行。例如：

正：老師管教學生。

反：老師不管教學生。或學生管教老師。

這種反其道而行的用意在於使人能夠超越常道的限制而另想他法。所以我們對於在第二階段所想出的「反道」不應過為認真，有的反道並非可行，若能反其道而行固然得其所哉；若不能，則當其為契機，希望能夠由此而引出一些別的主意。這種收穫往往會在第三階段產生。第波諾（de Bono, 1992, p. 170）有一個喝橘子水的例子可以說明一反其道的作用。茲另外用辯證法予以說明：

正：我早餐喝橘子水。

反：橘子水喝我。

（按：這是不可能的事。但不妨幻想自己浸在橘子水中，出來時一身都是橘子味。）

合：去發明一個有橘子味道的東西，可以掛在淋浴的水龍頭上，當水淋在身上後，便使身體散發橘子香。

有的時候，辯證法到了合的階段只是第一進程的結束，另

一新的辯證過程的開始。前一階段的合，變成第二階段的正，如此一變再變，生生不息。這是宇宙運行的規則，此處且不必說得這麼遠。茲以上述的例子來說，若是「用假警車」是一個好主意，第二個辯證法便開始了：

　　正：問：如何用假警車？

　　（按：可另用腦力激盪法來產生主意。）

　　反：主意之一：不用真警車也不用假警車。

　　合：主意之一：用橡膠警車。

　　假如這是好主意，則如何製造一個不被風吹掉的橡膠警車便是廠家的問題了。以上這個主意已在日本施行。

　　茲再舉幾個工商業上的例子。戈登（Gordon, 1961）的發明公司曾經組織一個小組以討論發明一個新的開罐頭機的主意。為了不讓參與者的思考受「開罐頭機」的題目所限制，在討論之先，小組長先讓參與者討論一個主意：「開」。有一個人戲言說：「最好是不開。」組長認為這個主意很有意思，便將題目告訴組員。以後的討論便集中於將「不開」的概念應用在發明新的開罐頭機上。結果發明了不用任何工具便可以用手開的罐頭。

　　以提倡水平思考著名的第波諾（de Bono, 1922）也有不少反其道而行的例子。在萊特兄弟發明飛機之前，所有的飛機設計者都費盡心力地去發展一個穩定性強的飛機。而萊特兄弟則往不穩定上著想。他們試著去解決一個問題：假如一個機翼垂下來該怎麼辦？他們發現將一個機翼彎下去可以加強一邊機翼而減少另一邊的起飛力，他們由此而發展出一套控制的系統。傳統

上辦世運的機構都想盡辦法去吸引觀眾以增加票房的收入，結果都虧本。主辦洛杉磯世運的人便反其道而行，他要想出觀眾不來也能賺錢的方法。結果就利用電視將奧運帶到觀眾的家裡，大賺其錢。

　　傳統上餐館是將飯菜送到顧客的桌上。有人出一怪主意：開一個不賣飯菜的餐館。結果是開一個顧客自煮或自帶飯菜的餐館。顧客的目的是利用該場地作為與人共餐交談的場所。

　　另一個也是餐館的例子。一般餐館都是奉顧客之命行事。有一在國外的中國餐館：羅記，則要顧客奉老闆娘之命行事。例如很多外國人喜歡喝飯前酒，這個老闆娘不准客人飲酒以免不能嚐出佳餚的真味。豬腳非四個人以上不能叫，而且吃時必須先吃骨頭後吃肉。菜不能點得太多，以免吃不完浪費人力與物力。有人耽心顧客會拂袖而去，但老闆娘卻說：「我們的客人就喜歡被我管哪！好多人吃完了，還會要我去檢查呢！」筆者認為若要反得徹底，還可以不准顧客點菜。一切由老闆娘作主，讓顧客重溫舊夢，嚐一嚐兒時吃媽媽煮菜的滋味。

　　在另一方面，我們中國的文化中有很豐富的辯證法的例子。其中有學術性的，有修身性的，有計謀性的，以下茲隨便羅列數種：

　　大題小做，小題大做（指研究方向）

　　大智若愚，大巧若拙

　　下學而上達

　　恰恰用心時，恰恰無心用，無心恰恰用，常用恰恰無

　　致廣大而盡精微，極高明而道中庸

慷慨赴死易，從容就義難

躲得過一時，逃不過一世

殊途同歸

居安思危

不怕一萬，只怕萬一

行不言之敎

花非花，霧非霧

入乎其內而出乎其外

緣盡情未了

東邊日出西邊雨，道是無情還有情

好花堪折何須折，占有不如遠欣賞

真真假假，亦真亦假

置之死地而後生

明修棧道，暗渡陳倉

先禮後兵，先情後法

欲迎還拒

欲仙欲死

欲取之，先予之

似弱實強

以退為進

聲東擊西

空城計

總之，我們必須活用「反者道之動」的道理。從以上反其
道而行的例子可知，「反其道」只是一個另出新意的一種方

法，它可以很迅速地使人改變立場，別開生面；也可以使人暫時從慣常中脫逃，以另謀良策。有了新意之後，如何去落實新意，便成為一個問題了。

㈡字義的重新界定

在應變力中，有一種要素稱為「適應性變通力」（adaptive flexibility），其要旨在於將訊息的一個界面予以重新界定，以適合另一種目的。一個訊息都有多種界面，其重要的有字義、類目與功用等。假如是人物，則另有角色一項。茲先述字義的重新界定。

在日常生活中最常碰到的改變類目的現象是字義的重新界定。重新界定字義是文學家常用的一種能力。把「月光」當做「地上霜」或把「人」形容做「狗」等，便是把原來眾所周知的類目改變成另一類目而達到創造的目的。這一類的字義改變，可由以下幾種方法達成：

1. 直喻（simile）：將一項訊息比做另一訊息，而這兩個訊息間都有一些共同點。把「月光」當做「地上霜」便是一例。
2. 隱喻（metaphor）：將一項訊息的一種特徵來表示與字面意義不同之某事物，例如將石比心，以花比貌等都已經不是原來的類目了。
3. 擬人化（personification）：將事物人格化，例如說：「她是菩薩的化身」。

㈢功用重新界定法

邁亞（Maier, 1931）曾經設計了一個「雙繩問題」的推理實驗。他在一個大教室內放置一些桌椅、長竿、釘夾、鉗子，以及帶插頭的電線等物，並且在天花板上垂下兩條長繩，一條居中，另一條近牆。受試者可以用任何東西或方法將兩條繩子接起來。邁亞希望受試者能用一種聰明的方法，將一個重物（例如鉗子）繫於掛在室中央那條繩子的下端，使整個繩子像一個鐘擺。然後將這個「鐘擺」推向另一條繩子的方向擺動。受試者（大學生與研究生）可以將近牆的繩子帶到中央，等中間的繩子擺到身前時，就用另一手抓住，將繩子綁在一起。這是一種機巧的辦法。但是有的受試者將繩子綁在椅子上，將椅子搬到室中，然後走到牆邊將繩子帶過來綁在一起。有的用竿子挑，有的用電線接。只有少數能用聰明的辦法以解決問題。另有少數根本連最笨的辦法都想不到。

實驗者對不能用鐘擺辦法解決問題的人從旁給予各種暗示。他故意在交談中提起鐘擺兩字，有的受試者因此而得到靈感而解決了問題。對還沒有得到暗示的人，實驗者便明顯地指出用鐘擺辦法。但是有一部分受試者明知可用鐘擺辦法解決問題，卻不能找到可做鐘擺的錘物。此時實驗者從旁暗示，或故意玩弄鉗子等可以做錘子的物件。有人得到這種暗示而解決了問題，但亦有人始終不能應用這些物品做鐘擺。對這些人來說，鉗子就是鉗子，不可作其他的用途。

在另一項類似的實驗（Dunker, 1945）中，受試者必須從以下

各種物品中製造一個鐘擺：一根釘子，以及一根帶著鐘擺的繩子。這個問題只要用鐘擺將釘子釘在牆上，然後將帶鐘擺的線繫在釘子上即可。結果有一半的受試者不能解決這個問題。他們想不到可以用鐘擺當錘子。

　　以上兩個實驗顯示由於先入為主的原因，受試者不能將所熟知的物品另作他用。這種現象稱為「功能執著」（functional fixation）。功能執著可以使人熟練地使用所熟知的物品，但卻使人不能用新的眼光來發現物品的另一面。這兩個實驗雖然甚為簡單，卻說明了不富應變性的一大原因。凡是囿於言、拘於教、束於時、限於用者，都有功能執著的毛病。重新界定法以及本節所介紹的其他方法就是打破執著的方法。

　　此外，受試者在上述兩個實驗中不能應用他物以造鐘擺的原因並非對於鐘擺或其他物品缺乏基本知識，而是受原來知識所侷限，因而不能想出該物的其他用途。換言之，不富應變性的受試者不能重新界定對熟悉物品的觀念。為了破除一個人的執著性，而培養重新界定的能力，有些心理學家想出了一些簡單的方法。在一個實驗中，龐得（Bond, 1955）僅僅讓受試者看他人將作品作其他用途。結果他們重新界定的能力大為增加。馬爾茲門（Maltzman, 1958）等重複邁亞的實驗，但受試者在解決雙繩問題前，預先作各種重新界定物品的練習。練習的問題是盡量想出各種物品的不尋常的用途。結果這些受試者解決雙繩問題的速度與人數大為增加。

　　上述兩則實驗顯示重新界定（或適應性）的應變力並非天生或神祕不可測的能力。只要時常有重新界定或一物多用的經

驗，許多人就可以將這種心向轉移到其他情境上去。曹操、劉備等之所以富於機智，最大的原因在於他們時常處於出生入死的情境中，可能先偶然成功地應用一些重新界定的方法。之後，一再應用，遂養成過人的應變力。有一個研究發現美國窮人學童較中產階級以上學童富於適應性的應變力。這也是環境使然。窮人子弟常常一物多用，這種能力自然受練習而增高。富人子弟所用之物都有特殊的用途。逢事用錢解決，遇到不能用錢解決的情境（例如考試）時，便一籌莫展了。

(四)角色扮演法

這個方法為美國心理治療師所常用。在教學上應用時，教師可以鼓勵學生用想像力將自己置身於某一人物，尤其是所恨的人的身上，想他之所想，感他之所感，做他之所做。如此做法，或可打破執著的毛病，增加變通性也。

(五)動詞提示法

這個方法與重新界定類似，旨在發展變通力。所不同之處在於後者只是舊物新用，舊義新釋；此法則需要將訊息（物品）加以更改以成為新的產品。一個人到了無計可施時，可以用以下一些動詞來觸動靈感：

1. 放大：將體（面）積擴大（如卓別林的大鞋，新的女用太陽眼鏡等）、事實誇大（如詩詞、幽默與廣告）、小題大做。即使不將原物放大，亦可將之與小的對比，以顯其大。

2. 縮小：將體積縮小（如玩具、計算機、錄音機）、液體濃縮（如

湯類罐頭、劑錠中藥）、事實遮蓋、將大事化小事等。

3. 簡化：將手續簡單化、程序單元化、作用組合化（如冷暖氣機、收錄音機等）、思想一元化。有許多家用器具如照相機、電視的彩色控制等均為簡化手續的產品。寫詩有時須誇大，有時亦須簡化。姜白石論詩云：「人所易言，我寡言之：人所難言，我易言之。」可見簡化法在寫詩上亦可應用。

4. 補充：將原物加帶一種裝備便可使用途擴充。報紙之副刊、電鍋之蒸蓋等均為補充性的產品。

5. 變形：將一種形體取代另一種形體而不改變其功用或原意。例如化詩為賦、化古典樂為搖滾樂、以動物形狀作為其他各種物品（如瓶子、餅乾、諷刺漫畫等）的形狀等。轉借他人的風格而最後加以變化，獨創一格（如吳昌碩的石鼓文），應屬變形的最高表現。

此外，另有兩位專家（Koberg and Bagnall）設計了以下一組操作性的動詞，其中大部分都可以用來修改訊息：（Adams, 1974, p. 116）

加	減	乘	除
消除	旋轉	越過	逐退
曲解	抖開	擲出	壓扁
抗議	壓制	擠壓	分離
倒轉	補充	淡化	統整
隔離	浸淹	重複	符號化
換置	凍結	濃化	抽象化
聯合	變軟	拉長	解剖，等等

今日工業界所推出日新月異的產品多可用以上各種方法產生應變的基本主意。主意產生後，再設法解決各種技術上的問題。以上各種方法可以用之於寫作與勞作科，也可以用來解釋市場上所謂新產品之所謂「新」的特點，藉以告訴學生「發明」新產品並不難。

第三章
發現與界定問題

第一節　尋找問題的形態結構模式

　　發問是創造的起點，也是學習與創造的動力。我國自古將「學」與「問」並稱，以誇獎學人之造詣。但是「三代而下，有學而無問」（劉開《問說》）。有很多人勤於學而荒於問，結果萬有引力被牛頓發現了，政權被少數人壟斷了。所以筆者有《問哉》一篇，以饗讀者：

　　　　問哉
　　　　大哉問。
　　　　哀哉不問。
　　　　惜哉被別人先問。

　　　　小哉止於問。
　　　　悲哉問鬼神。

苦哉不會問。

善哉慎於問。

妙哉很會問。

　　在學術界，有許多專家讀到他人的研究時，都會感嘆為什麼自己沒有想到那個顯而易見的問題，例如：「為什麼東西會掉下來？」這一問題，卻被人家先問了。這種人是屬於「哀哉不問」型。他們也會感到「惜哉被別人先問」。賈誼一代英才，貶為長沙太傅後，被漢文帝召回問政。漢文帝理應問他富國強兵之道，但卻問他鬼神之事。這種問道，豈不悲哉。難怪李商隱在《賈生》一詩中諷刺說：「可憐夜半虛前席，不問蒼生問鬼神」。有的人有問題，卻問不到要點，或不知如何措辭，豈不苦哉。還有人問所不該問，亦屬小哉問。近代隨創造心理學的發展，認知心理學家競相研究如何去創造，如何去解決問題，但卻很少有人研究如何發問，如何去尋找問題。其實沒有問題，就沒有解答。所以愛因斯坦說：

　　「問題的構成比其解答更為重要，後者可能只是一種數學或實驗的技能而已。用一種新的角度對舊的問題提出新的問題或新的可能，需要創造的想像。它建立了創造的里程碑。」

　　「創造的想像」需要從小培養。為師者不但需要鼓勵學生多問，還要教育學生會問，而不止於問。至於從事發明研究的

人，則應先人家而問，以把握先機，搶先發現發明也。

一、問題的定義

創造心理學家設計了很多問題解決法，卻很少有人解釋什麼是問題。即使有一些很好的定義，但並不是在所有的情境中都能適用。茲介紹數則問題的定義如後：

1. 當生物有一個目的而不知如何去達到該目的時，問題便發生了（Duncker, 1945, p.1）。這一個定義說明了方法的重要。它適用的範圍很廣，也很容易了解。一個學生不知道一個英文單字的意義，但有字典可查，就沒有問題了。

2. 問題是「所應該」與「所實際發生」之間的差異（Kepner & Tregoe, 1965）。有東西壞了，就是這一類的問題。一個人有目的（所實際發生），但目的還沒有達到（所應該），就有了問題。所以這個定義包括了前一個定義。

3. 問題是「所有」與「所要有」之間的差異（de Bono, 1973, p.58）。

4. 當對一個情境的反應受阻時，便有了問題（Maier, 1970, p.203）。

5. 當某種條件會成為具有誘惑力，而當事者缺少產生那種條件的反應時，該人便有了問題。當他產生這種反應時，問題便告解決（Skinner, 1974, P.123）。

6. 能使人探究、考慮、討論、決定，或解答的詢問便是問

題（ Webster's, 1968, p.1807 ）。

　　從以上的討論可知，在六個定義中，第一個定義所包括的問題層次會比較高。它也指出了問題有一個主人，這個主人是有目的的。目的（或欲望）越多，問題便越多。道家勸人清心寡欲，良有以也。有的人缺乏能力或資源去達到普通人能夠達到的目的，這種人的問題便比一般人多了。第二個定義實在很妙，但「所應該」與「所實際發生」之間的差異雖然存在，卻並不見得是一個人的問題。因為發生於他人的問題不見得是我的問題。第三個定義顯然是與第二個定義類似，但卻解決了誰是問題的主人的問題。第四與第五個定義是行為心理學派式的定義，與第一個定義的精神相符。第六個經筆者修正過的定義包括以上五個定義的範圍，而又沒有其他各定義的毛病。其他的定義都可以當做一種尋找問題的方法。例如我們問：「如何去尋找或製造問題？」用第一個定義來說，就是訂定一個目標（另見下述之改進性的問題）以使人探究、考慮、討論、決定，或尋找解答。第二、三與四項定義都會使人探究、考慮、討論、決定，或尋找解答以消除「所應該」與「所實際發生」，或產生對的與不能產生對的反應之間的差異。

二、尋找問題的形態結構模式

　　如前所述，研究創造方法的學者大多研究解決問題的方法，很少有文獻涉及尋找與界定問題的方法。即使在這類少數的文獻中，還沒有人論及方法、問題類別與問題情境間的交互關係。筆者將這三者的交互關係用一種具有三度空間的長方形

（又稱形態結構圖）來表示。方法，問題類別與問題情境這三個間次分別為方塊的長寬高三邊，每一間次由一些基本要素（見圖3-1）所組成，以下為每一間次的定義與要素。

㈠問題情境

　　問題，每個人都有，而且每天都會有很多。並不是所有的問題都需要用很複雜的問題解決法來解決。有些無關緊要的日常問題如點什麼菜，看什麼電視節目等，大可隨心所欲，不必費神去思量。要是將感性的問題用知性去解決，便殺風景了。

　　本書所講的問題是屬各行各業中具有危機性的知性問題。「危機」這兩個字有兩種解釋：一為危險的時機；另一為有危險便有機會。可惜一般人只知前者而不知後者。倒是最近有些美國人就中國字之「危機」大做文章，認為中國人將危機當做機會，大大地改進中國人在美國一些知識分子中的形象。不論這種解釋是否便是「危機」一辭的原義，從創造心理學的立場來說，我們的確必須視危機為解決問題的機會，說不定在成功地解決問題之外，還連帶地帶來賞識與鴻運呢。

　　問題發生在各種情境之中。我們雖然不能列出所有可能的問題情境，但卻可依問題解決者所在的情境與創造的對象而將問題的情境分為學術、管理、人際、推銷與物品等五大類。學術界的問題包括文理科技與藝術；管理上的問題涉及制度與達到目的的手段，有很多人事的問題也屬於管理的問題；人際的問題包括人與人間非業務性的關係；物品是物品的發明，改進或修復；推銷則為商品的銷售。教學與傳道，就其狹義的意

義：傳授知識以及令人信服而言，也是屬於推銷的性質。

　　以上對問題情境的分類並沒有什麼學理根據，而是根據問題所可能發生的情境或危機的來源來分。筆者相信它應可包括多數專業人士的嚴重問題情境了。換言之，本書所介紹的各種方法，至少會有一種對解決上述問題情境中所發生的問題會有幫助。

　　(二)方法類別

　　有了危險與機會之後，就必須去發現問題，或去認定有什麼特殊的機會。有的人有時候能洞察機先，立即便可發現問題或看出大展鴻運的良機，但這種人究竟不多，而且他們也並不是每次都這麼幸運靈光。不能立即發現問題的人，可以藉一些方法來發現問題，製造良機。

　　圖 3-1 中所列的發現問題的方法是由各種方法中歸類而來。每一類都另有次類。各種方法均將於次節詳介。

　　(三)問題類別

　　問題的定義隨其種類而異。認知心理學家通常將問題分成兩種：已界定清楚（well-defined）與未界定清楚（ill-defined）。已界定清楚的問題因其已界定清楚，因此不必再加以界定。它有一定的目的、訊息以及解答，其解答的方法會有很多種，但皆合乎理則而易於為他人所遵循。它多屬認知性與記憶性的問題。例如老師的考試，尤其是數學問題，所問的相當明確，所用的方法有軌跡可尋，所要的答案也有定案。

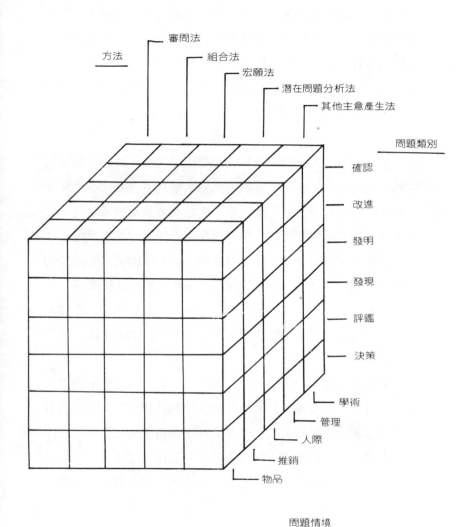

圖 3-1　尋找問題的形態結構圖

　　未界定清楚的問題有二種：一為當事者遭遇到困難，有時甚至不知問題之所在，需要將困難陳述出來，但尚未指出問題的核心；另一為有人奉「日日新，又日新」的哲學，求改進，要發明，從沒問題中去尋找問題。這一類的問題往往只是一種初念，其目標與範圍都可以改變，因此也稱為界定不清的問題。

　　在另一方面，一個問題有三個要素：起點，終點，與從起點到終點的方法。起點是當事者感到困難或遭遇到問題之時；終點是所要達到的目標。當起點、終點與方法都很清楚時，那問題便是界定清楚的問題，都不清楚時，便是標準的界定不清楚的問題。在這兩者之間，便是各種不同程度的界定不清楚的問題了。例如有人在酒席間要賦詩為慶，其起點很清楚，終點，亦即要產生那一種詩，卻難以預料。至於方法，則應視人而定。對詩人來說，應無問題，對從未學作詩的人來說，便很不清楚了。

　　未界定清楚的問題，千奇百怪，可以有很多標準予以分類。筆者曾經根據創造發明的目的，而將此類問題再細分為發現式、改進式、與發明式。發現式係指在科學哲學上對原理原則，因果關係，以及宇宙與人生意義的發現；改進式包括對人事制度與物品的改進；發明式則包括器械與方法方面的發明。

　　第波諾（de Bono, 1973, p. 58）將問題分成三類：

- 第一類需要更多的訊息或更好的方法來解決問題。
- 第二類不需要新的訊息，但需要依靠頓悟將原有的訊息重新加以整理以解決問題。

• 第三類是沒有問題的問題。

第一類的問題可以用邏輯思考來解決，第二與三類的問題則需要用創造性的思考來解決。

在美國，研究問題的人物首推葛采耳（Getzels, 1979）以及其學生狄倫（Dillon, 1982）。葛采耳曾經將教學的問題分成三類：提供性問題（presented problem），推理性問題（reasoned problem），與發現性問題（discovered problem）。提供性的問題通常就是教師給予學生去解決的問題。這一類問題的解決方法與答案已為教師所知，但卻須由學生去解答。在解答的過程中，學生所用的心智主要是記憶。例如教師教完長方形面積的算法之後，便出題給學生算另一長方形的面積，這種練習題便是提供性的問題。

推理性的問題是在教師教授怎樣計算長方形的面積之前，就問學生：「長方形的面積應如何算法？」在這種情形下，教師與學生都知道問題是什麼，教師知道問題的解決方法與答案，學生則兩皆不知，因此必須推理以致之。

發現性的問題則是教師與學生都不知道會有什麼問題。由於問題都不知道，解決的方法與答案，當然兩皆不知了。茲再以長方形為例，教師教完長方形之後，有一學生問：「為什麼有許多東西都以長方形為形？」另一個學生問：「那一種的長方形最漂亮？」後一個問題便屬「大哉問」的問題。

狄倫（Dillon, 1982）將葛采耳的問題分類，根據問題的完整性而改為三層：存有問題（existent problem），茁現問題（emergent problem），與潛在問題（potential problem）。

　　存有問題是已經發生，並且是顯而易見的問題。解決問題的人在尋找問題的程序上只要知道有問題存在即可，甚至連解答都已有腹案。他立刻就可以察知「所應該」與「所實際發生」之間的差異。這就猶如電燈不亮，知道換個燈泡就可解決問題。

　　這一階層的問題，雖然顯而易見，但對於習以為常的人，不見得就能輕易地覺察到；對於抽象性比較高的問題，例如某某人改變了主意，對一些人來說，也不見得就是顯而易見的。

　　茁現問題是問題隱含在事實之中，但尚未完全發展成的問題。經過一番調查研究，抽絲剝繭之後，解決問題的人便「找」到了問題，也可能幾乎找到了答案。狄倫所說的「茁現性的問題」雖然需要推理，但卻與葛采耳的「推理問題」不同。後者可以是由教師出題，教師知道問題的解決方法與答案，學生則不知道；前者則很可能教師與學生都不知道解決的方法與答案，所以狄倫所說的「茁現性的問題」，相當於葛采耳的「發現性的問題」；其潛在問題亦相當於葛采耳的「發現性的問題」。

　　這三類問題應該都屬於未界定清楚的問題。狄倫說另外還有一種問題是交給人家的。這種問題相當於界定清楚的問題。在教學上，這類問題往往由教師所給或已經包括在教材之中。

　　在極端缺乏這方面研究的文獻之下，狄倫能提出這種的分類，已是難能可貴。筆者很贊成他把葛采耳的第一類問題，提供性的問題去除而另加存有問題。但是他在每一項目之下並沒有舉出具體的例子，也沒有用他的分類來解釋現有各家對問題

的看法。除此之外，他的分類是以問題的完整性為標準，而不是以問題的難度或重要性為標準。因此，這便成了問題。例如牛頓的大問題：「為什麼蘋果會掉下來？」，以及克普納與屈利拘（Kepner & Tregoe, 1965）對問題的定義：「問題是『所應該』與『所實際發生』之間的差異」應屬那一層的問題？由於本節所講的問題是屬於未界定清楚的問題。這種問題，千奇百怪，可以有很多標準予以分類。由於我們的目的在於發現潛在的問題，解決現有的問題，或者開拓機運，製造發明的機會，因此便以此為標準而將未界定清楚的問題細分為確認、改進、發明、發現、評價、決策等六種。

確認式是就已發生的或可能發生（潛在）的問題加以認定。它包括前述的存有問題與茁現性的問題。個體可以在二種情形之下發掘問題：一為在一種失常的情境中去確認已發生的問題。例如，一種機器不能產生預期的效果，或某人今天對我特別友善等。這一類的問題也就是確認原來「所應該」與「所實際發生」之間的差異。

另一為故意去發掘問題、設定成就目標，找東西改進或發明。假如所發掘的問題或所設定的目標可以用慣常的方法來解決，便沒有什麼問題；假如不能用慣常的方法來解決，便有了問題。

改進式的問題是將有問題，或有缺陷的人、事、制度與物品的一些特徵加以改進。更積極的做法是將一個已經很完美的東西變成更完美。一個廠家想將一個物品改頭換面而製造一個「新」物品，但卻不知道應該要改進什麼特徵；甚至有人說：

我有一百天的假期，不知要做什麼好。在這種情形之下，便需要去發掘問題了。這一類的問題可以界定為：心目中認為「所應該有」與「所已有」之間的差異。換言之，當事人將心目中認為所應該的事正式訂為所需達到的目的，在目的尚未達到時，便一直有問題了。

發明式的問題可以界定為：心目中認為「所要有」與目前「所沒有」之間的差異。其成功的結果則是創造一種前所未有而又可以得到專利權的新產品，或創造一種新的方法以解決問題。

多數改進式與發明式的問題也可稱為自定目標式的問題。

發現式問題係指在學術上對原理原則，因果關係，宇宙或人生意義的探討。它與前述的存有問題與確認問題所不同之處，在於後者的目的主要地在於發現失常的所在，以便解決當前當地所發生的問題，前者則是研究者因無法用現有的知識來解釋一種現象，而發生了問題。其成功的結果則是產生了新的知識。

評鑑的問題是對訊息的評價。

決策的問題是對一個主意所選擇的行動。

為了以下示範說明的方便，茲用英文字母與數字來代替圖3-1中各間次的項目

圖3-1中三個間次：方法、問題類別與問題情境中各別項目的關係是排列組合式的。方法中的 A 可以與任何問題類別（從1到6）以及任何問題情境（從N到R）組合而得到一種發現問題的機會。例如 A1N 表示用審問的方法來確認在學術的情

方法	問題類別	問題情境
A：審問法	1：確認	N：學術
B：組合法	2：改進	O：管理
C：宏願法	3：發明	P：人際
D：潛在問題分析法	4：發現	Q：推銷
E：其他主意產生法	5：評鑑	R：物品
	6：決策	

境中的問題； A20 表示用審問的方法來改進在管理的情境中的問題； B3R 則為用組合的方法來發明某種物品。

　　由於以上有五類方法，六種問題，五種問題情境，所以總共會有 150 種機會去尋找問題。以上將方法分類，只是為製圖的方便而分，其實如次節所示，每一類方法中都有幾種方法，而這些數字還可以增加。所以用這種排列組合（亦即次節所介紹的形態分析）法的結果，會有數百種機會去尋找問題。用一種方法找不到，可以用第二種，再試第三種等等一直到找到恰當的為止。換言之，任何一種組合並不能保證可以成功，有心的人必須一試再試。此外，以上各間次的項目並不齊備，所以並不排斥另一種分類，或增加一些合乎自己需要的問題情境。使用者可以在每一間次中減少不合乎自己需要的問題類目以及情境以減少尋找問題的時間與精力，或增加某一類之下的項目以增加發現問題的機會。

第二節　發現問題的方法

在第二章所介紹的產生主意的通用方法，都可以用來發現界定不清楚的問題。本節所介紹者，對發現界定不清楚的問題特別有用，所以另闢專節予以介紹。如本章第一節所述，發現問題的方法有很多種，本節將之分成四大類：審問法、組合法、宏願法與潛在問題分析法。以下先介紹審問法。

一、審問法

㈠向上歸類法

一般人解決問題的辦法是有什麼問題就解決什麼問題，不多也不少。這本來是解決問題的正當途徑，寄人籬下的小職員自應遵守。但是有些問題牽連到其他問題，更高層的問題，或更基本的問題，遇到這種情形，就必須往上尋根，從更大的範疇上查尋問題之所在。說不定查到真正問題的所在，就此將問題從根解決，一了百了。在這種情形下，就可以用「向上歸類法」。

在另一方面，有些人，如哲學家、社會學家等，對問題總喜歡窮源究委、往大處著想，將小問題化成大問題，將短期的問題作長期性地從根解決。這種做法是一種逐層往上歸類法，先是歸為小類，從小類歸為中類，從中類而到大類。以動物為例，便是將種（個體單位）歸為屬，屬歸為科，科歸為目，目而

後綱、門以至於界。每往上推一層，便問屬於那一類的問題。然後自行答覆該問題。答案必須將問題升高一層或多層。茲以哲學為例，從最初到最後的問題可排列如下：

問：我們為什麼需要正襟危坐？

答：為了修身。

問：我們為什麼需要修身？

答：為了齊家。

問：我們為什麼需要齊家？

答：為了治國。

問：我們為什麼需要治國？

答：為了平天下。

問：我們為什麼要平天下？

這最後的問題可能為哲學家帶來一篇論文的題目。當然，以上只是一個例子。實際應用時可以跳層，也可以因需要或能力的限制而止於任何一層。此外，問題的發展路線，脊視對前一個問題的答案。下例便顯示同一問題，因答案的不同而導致另一境界：

問：我們為什麼需要正襟危坐？

答：為了給人好印象。

問：為什麼要給人好印象？

答：為了要獲得佳評。

問：為什麼需要獲得佳評？

答：為了事業發展。

問：為什麼要發展事業？

答：為了⋯⋯

這樣問答下去，不知會止於何處。為了尋求問題，不妨就原始問題多為作答，然後就兩三個具有前瞻性的答案，用上述方法尋找問題。

著名的創造心理學家第波諾（de Bono, 1992）在其著作中一再提及的化意念為概念（from idea to concept）或化具體為抽象也可說是一種向上歸類法。例如租車業的具體說法為：將車子在顧客所需要的時間與地點租給他以獲取一筆租金。比較抽象的說法為：配合顧客的交通需要。牙刷可以是：一只把手的另一端具有一束短的硬毛以使牙膏可以放在上面。而家弟郭有迪則將之看成一種放牙膏的方便之物，終而發明了盲人可以用的牙膏與牙刷合而為一的方便牙刷。其中關鍵之處則為「方便」這一概念使視界擴大了。「如何使牙膏能夠更方便地被盲者放在牙刷上」便成為有待解決的發明問題。後來在發明的過程中又將另一概念「盲者」擴大而為「使用者」，應用的對象便大為增加了。假如當時的概念放在更高的一層：「如何使牙膏能夠更方便地被人所用？」或再高一層：「如何能夠更方便地使牙齒清潔？」說不定所發明的不是牙刷，而是新的牙齒，漱口劑或食物了。

從上述可知這種向上推類法可以將概念一層一層地推上去，一層比一層更抽象，範圍也更廣。解決問題的人可以在各層之間上下思量，依自己的條件，適可而止地採用某一層的概念。

綜上所述，我們可以縷列以下向上推類法的步驟：

1. 先陳述具體的事物或問題。

2. 將句子中的主要概念劃出來。

3. 將該概念逐層抽象化，到自己認為適可而止。

4. 陳述與該概念相稱的問題。

㈡自我查問法

創造方法專家李卡茲（Rickards, 1974, p.48）設計了一套問答題以供有問題的人在一問一答間自行發現問題的所在。其方法如下：

1. 將所要解決（付諸行動）的開放式的問題寫下來。

2. 答覆以下與該問題有關的問題。假如對其中有一問題不能作答，便答覆下一個問題。

    (1)「界定問題的方式總是不止一種，你是否可以另用一個方式來界定剛才所寫出的問題？」

    (2)「……但是這個問題的要點是……」

    (3)「我所真正要做的是……」

    (4)「假如我可以不計現實的各種限制，我寧可用……法來解法。」

    (5)「用另外一種方法所寫出的問題可以寫成為……」

    (6)「另外一種，甚至是奇怪的一種，對問題的看法或可為……」

3. 現在回到在第一步所寫的問題。想想看在第二步中所寫的主意是否可用來重寫原先的問題。

以上三個步驟並沒有必要一氣呵成。它可以做做停停，短

則數分鐘，長則數日，只要能達到以更好的著眼點來看問題即
可。第二項之中的各種問題並沒有必要全部作答，有時在某一
問題上突有所悟，而得到佳題，其他的問題便沒有什麼幫助
了。

(三)屬性枚舉法

問題到處都有，富於創造的人可以使不苗現的問題苗現。
所謂苗現的問題，是指一切條件具知之後，問題就會苗現。但
是問題的苗現，是具有主觀的成分。若是個體認為沒有問題，
則很可能就沒有問題；若是個體將他人的問題當做自己的問
題，則該人便有了問題。同樣的道理，本來是沒有問題的，也
可以故意找出問題，這便是工業界所常用的屬性枚舉法。

「我要發明什麼？」「另一廠家已經發明一個比我所生產
的東西更好的東西，我該怎麼辦？」或「如何改進我與屬員之
間的關係？若有人有這方面的類似問題，便可用人工，而不是
依靠直覺或靈感的方法來發現問題。此處所講的尋找發明主意
的方法是從屬性枚舉法（attribute listing）。擴充而來。該法是由
那不勒斯加大學克勞福特（Crawford）教授所創。其目的在於發
明新產品，但實際上這個方法所能達到的是尋找所要改進的屬
性。從發現所要改進的屬性的方法到發明新產品，還有一個很
長的解決問題的過程。所以此法並非解決問題的方法，而是發
現所要改進的屬性的方法。此外，克勞福特認為此方法只能用
於改造具體的物品，而不能用於觸摸不到的抽象東西。筆者以
為若加以變通，亦可用之於發現人與人間以及各種政治。社會

與教育上的問題。

　　克氏的最大貢獻是認為所有新的物品，都是從舊的物品改進而來。這一說法就打破了久已存在的創新的神祕性，使有志於創造的人增加了自信心與勇氣，使「日日新，又日新」成為具體可行的目標。新的物品既然是從舊的物品改進而來，則應改進什麼東西呢？克氏認為所改進的是那東西的屬性。這一個問題便是如何去尋找值得改進的屬性。為解決這一問題，他發明了屬性枚舉法，這個方法的要點是將一所要改進的物體，分成幾個重要部分，然後列出每一部分的屬性。屬性列出之後，便決定要改那一些屬性。以下是此法的步驟：

1. 決定所要改進的對象：這一目標需要依據個人或單位的需要與專長而定，一個人也可以決定改進人際關係，或某種制度。美、日工業界經常將他人新發明的物品拆開來查看，以視是否可以將其缺點加以改進。

2. 分綱別類：將物體的主要組成部分，或一事件之主要因素列出。例如要改良一種鉛筆，其主要組成部分，便是筆身，筆心以及橡皮部分。一個學生若要改進學業成績，便可將與學業成績有關的重大因素，如學習方法、時間、獲得成績的技術（如答試卷方法，寫論文的方法等）。這一步驟的主要目的在於避免遺漏。

3. 列舉每一部分的屬性：現在便可以開始盡量列舉每一主要部分以及全體的特徵與功能。

4. 列舉每一部分應有而未有的屬性或功能：自己覺得該部門應有而未有的特徵與功能也可以列出。克勞福特原來

的屬性枚舉法沒有這一點。筆者使用的結果，認為列出
未有與列出所已有都很重要。有時所要改進的是多加一
特徵或功能。

5. 選擇值得改善的屬性：克氏的原意是要將每一個屬性都
認作可加以改進的部分，但是應用的人可選擇值得改善
的部分加以改進。選擇到要改進的屬性之後，發現問題
的部分已經完成，下一更重要的部分便是解決問題的範
圍。這便要在下一章再介紹了。用屬性枚舉法來發現問
題，將他人產品的缺點加以改良，從而發明新產品是當
今工業界所用最普遍的發明法。例如，聞名的美國全錄
公司（Xerox Corporation. 1989. 3. 2-3. 3），便從 1979 年起大系
統地採用這種方法以改良自己或他人的產品，該公司經
常將本身的經營能力以及產品與其他公司的加以比較，
將他人產品的零件予以拆開分析，以期採取世界上最優
的經營法與發明最佳的影印機。他們所做的已超過兵法
上所謂的「知己知彼，百戰百勝」，而是擷長補短，以
期經常保持領先。

全錄公司所用的屬性枚舉法是整個實際過程中的四個步驟
中的一個步驟。茲將這四個步驟介紹如下。

1. 計畫：在應用屬性枚舉法前應先有計畫。這計畫包括以
下：

⑴所參加的人員。

⑵所參加的合夥人（假如有的話）。

　①決定收集資料的方法（例如屬性枚舉法）。

②收集資料。

2. 分析：其目的在發現他人的長處。

(1)決定本公司產品與對手產品競爭的鴻溝（亦即他人之所有與自己之所無）。

(2)預測將來之業績。

3. 統整：

(1)溝通分析的結果並且獲取有關各方面的支持，以確保支援。

(2)決定改進的目標。

4. 行動：

(1)根據目標而擬定行動計畫。

(2)執行計畫，考察進度，並隨時聽取敵情，市情等的報告。

(3)重新評估以上整個程序，以適應內外環境的變化，具有國際競爭性的產品，其市場多變，經營策略及方向必須隨時予以調整。

換言之，在應用屬性列舉法之先，必須擬定計畫以決定人員與對象。應用之後還要進行溝通工作，最後付諸行動，亦即運用恰當的問題解決法以改進產品。

二、組合法

組合法是一種很有用的化不相關為相關的方法。前兩方法是將舊物的屬性予以更改；組合法是將它物的屬性或功能強加在原物上。加上去的結果可能會與原物完全不一樣，也可能仍

保留原物的一些面貌。以下先介紹一些比較簡單的屬性的組合性，然後再介紹比較有系統的多種屬性的組合法。

　　㈣強迫組合法

　　強迫組合法（forced combination）是將兩物或數物合在一起而成一新物。例如將手錶與計算機聯在一起而成一手錶計算機等。將兩種化學物融合起來而成一新的化合物。這一新的化合物的面貌與功能可能與原來的成分完全一樣。強迫組合法早已為工業界所普遍應用。非工業界也有用到它的地方。例如詩詞的集句、郎靜山大師的集錦攝影，近代畫家之融合中西畫法、卡通、廣告，以及哲學思想的融合等，都有組合的成分。只不過有的人能融合得天衣無縫罷了。有的人從它處獲得觀念（靈感），不知不覺地融和到自己的記憶上去，而形成一種轉相作用。

王安石集句詩：金陵懷古
六代豪華空處所，金陵王氣黯然收。
煙濃草遠望不盡，物換星移幾度秋！
至竟江山誰是主？卻因歌舞破除休。
我來不見當時事，上盡重城更上樓！

　　在我們的周圍，到處都存在著潛在的問題，有些潛在的問題存在著發明的機會。而這種機會是可以藉強迫組合法製造。有許多新產品的主意是從強迫組合而來的。例如將手錶與計算

機組合起來便構成一個製造新產品的目的，這個目的在未達到
之前便成為一個問題。詩詞中的佳句也可以用強迫組合法製
造。例如將霧與貓聯合起來便可成為美國詩人桑佰格
（Sandberg）的名句：「霧，在小貓的腳上，來了，……」

　　將這個方法應用到數學的情境時，教師可以設計一種強迫
組合的遊戲。例如有一位物理學教授將許多物理知識逐條寫在
紙條上，並將一大堆紙條放在空的魚缸裏。他經常花一點時間
從魚缸中隨意抽取一對紙條，以視是否可以發現新的問題或有
意義的組合。英文老師可以將一些動物的名詞逐一寫在紅色的
紙條上，動詞在黃色的紙條上，副詞則在綠色的紙條上。然後
邀請學生從每一色的紙條中，抽取一張，並利用紙條上所寫的
三個字來造句。筆者曾經叫三個學生上台來「抽籤」，然後由
三個人中推舉一位來表演該動物在副詞與動詞中所顯示的動
作，台下的學生則需要從表演中猜出名詞、動詞與副詞。

　　應用強迫組合時，假如不能將不相關的化成相關，則可以
用以下一些提示法以激發主意。

　　同時性：這些東西之間在時空上有沒有什麼同時性？例如
將「劍」與「腳」兩字聯在一起而造成一個代表同時性的句
子：「他辦事一向劍及腳（履）及」。

　　相似性：各物之間是否有些相似性？是否可造一句子以表
達其共同性。例如「劍」與「腳」兩物的共同性在於兩物都可
以用來做武器。由這一個提示也可能導致另一種主意：「畫或
做一個像腳一樣的劍。」

　　構造：各物之間在構造上有什麼關係？有沒有部分與整體

的關係？是否可以將各物排造一個整體的構造或畫面？例如：
「在腳襪中藏劍」。

功能：各物可以為你做些什麼？一物是否為他物的功能？
例如一隻劍可以在爬山時當做第三條腿。

次序：是否可使各物之間有一種次序的關係？例如「劍跟
著腳伸出去了」。

層次：各物之間在層次或分類上是否有從屬的關係？例如
假如要將劍與腳強迫聯合起來，可以造成一個句子：在自由聯
想測驗，以武器作為刺激字時，「劍」一詞在反應層次中會排
在最前面。「腳」一詞在反應層中則排在很後面；但若以
「腿」一辭作為刺激字，則兩者的反應層次正好相反。

相抗：各物之間是否有相反、反對或相抗的關係？是否可
使一物與另一物相抗；例如：「他用腳把劍踩斷了」。

因果：各物之間是否有因果關係？例如：「劍掉下來把腳
穿了一個洞。」

心理：各物在心理上有什麼關係？所會引起的感覺如何等
等。

總之，強迫組合法本來是由工業人士用來產生製造新產品
的主意的。由此而產生的主意便是有待解決的問題。這便是化
沒問題而為有問題的方法。

(五)目錄法（catalog technique）

一個人要是無法藉自己的學識與頭腦想出適當的觀念時，
也可以參閱各種有關的目錄或成語字典等以期觸類旁通，獲得

靈感。目錄法的具體方法很簡單。只要打開一本目錄或特意選擇一種有關的辭典，隨便打開一頁，隨便指向一個地方。然後再翻一頁，再隨便指向一個地方。將兩個地方的訊息組合起來加以細嚼玩味。若得不到什麼靈感，可再重複數次，以期能得到一些主意。這種目錄法對於尋找比較廣泛的主意比較有用。對於聯想力豐富的人比較有效。

㈥羅列法

　　另外一種有助於產生主意的方法是羅列法。這個方法是將與某一廣大類目有關的物品或主意都予以編號。例如以下之物品與打字有關：

1. 打字機
2. 椅子
3. 電腦
4. 桌子
5. 紙張
6. 桌燈

　　我們現在便將第一項目與其下每一項目一一組合起來。做完第一項後，便另從第二項做起，一直將六項全部排列組合完全。第一項與第三項組合的結果便是手提電腦兼印表機。當然這只是一淺近的例子。電腦商可不必用這種方法來產生這種必然會發生的觀念。

㈦形態分析法（morphological analysis）

此法之成為一種方法是始自加州理工學院天文物理學家滋委基（Zwicky）。他以此法研究天文，並將這方面的心得寫成一本書，稱為形態天文學（Morphological Astronomy）。後來有一心理學家亞倫（Allen）將這種方法發展成形態創造學（Morphological Creativity），有系統地將形態分析法介紹給心理學界。這個方法很快地流行於工業界。以下是形態分析法的步驟：

1. 決定所要改善的物品或所要解決的問題。假如是一個問題，這個問題必須是一般性，而且是包含有幾個因素或間次的問題。以下是幾個例子：

   智慧的結構如何？

   如何藉教材以發展分殊思考？

   發明一種新的罐頭湯。

   發明一些新的紙匣以裝果汁。

2. 列出所有與該物特徵有關的屬性或要素。可以在列舉屬性時，將每一屬性寫在一張卡片上，以便日後作為歸類之用。

   舉例：

   學術 審問 改進 管理 組合 確認 人際 物品 評鑑

   宏願 推銷 發現 潛在問題分析 發明 決策

3. 將所列的屬性依其相似的特徵予以分類，再將每一類目予以命名。

   舉例：

(1)問題情境：學術、管理、人際、推銷、物品。

(2)方法類別：審問法、組合法、宏願法、潛在問題分析法

(3)問題類別：確認、改進、發明、發現、評鑑、決策

4. 寫出所有可能的排列組合的關係。

舉例：前一節圖 3-1 之後已有一些例子，此處從略。

5. 選擇一些比較可用的組合而付諸實施，以便作最後的選擇。

三、宏願法

㈧夢想法

這個方法是最輕鬆，最有趣，最不受時空與人力所限制的方法。只要是從事創造的人便可以用這個方法來想出創造的主題或目標。懶惰的人可以在無可奈何地除好草之後，坐下來喝杯冷飲，夢想發明一個自動割草機，不必用人去推走。有工作狂的人可能不恥於夢想，但卻可大發宏願，訂定下一個成就的里程碑。

夢想法雖然可以漫無邊際地夢想自己成為孫悟空式的人物，但是若要實現夢想，則須遵循以下兩個步驟：

1. 激發夢想

會夢想與不會夢想的人的一種差別在於前者是屬於革命型的人物，有以天下為己任的人生觀，認為有辦法可以改善現狀，使生活過得更好；後者則可隨遇而安，一切由命，自己無

能為力。這種人，若要夢想，可以在感到有困難或不便的情境中，夢想一個可以不必再有困難或不便的情境，然後套之以：

假如……該多好。

例如：

假如有不必用停車場的汽車該多好。

假如有不必用水泡的茶該多好。

假如議員不打架該多好。

假如計程車都守交通規則該多好。

比較務實的人，則可做在自己能力範圍之內或與業務有關的夢想。不必期望每一個夢想都有意義。但是夢想越多，越有成真一次的可能。其可能性將視解決問題的能力而定。

2. 評鑑夢想

在這一階段，峰轉路迴，歸於現實。若要認真，就必須考慮宏願的重要性、可行性、時間性、經濟性等因素。

3. 用適當的問題解決法來實現夢想

夢想一旦成為決策之後，就成為一連串有待解決的問題。以上四個夢想，除了第一個是幻想之外，其他幾個都有法可治，都可用適當的問題解決法（見第四與五章）來實現夢想。

㈨機會發現法

這個方法與宏願法或夢想法的差別在於前者是一種夢想或理想，距離事實很遠，其結果相當渺茫，而且所夢想的目標不見得由自己所實現，即使實現，也不見得有利可圖；後者則主要是謀利性質，主謀者認為環境中有某種條件已經或即將成

熟，若自己將該條件予以利用，或以之與自己的才力與資源配合，便可產生可以預見的有利結果。若不予以利用，便會錯過良機。由於機會的範圍過廣，因此以下的機會發現法的步驟也必須廣泛一點：

1. 了解自己的才力、資源、需要、與目的。
2. 根據對以上自己的了解而寫下一些可能有的機會。
3. 用第二章第三節所介紹的各種方法來想出是否會有更好的機會。
4. 綜合第二與三步中所列的機會，依其重要性、時間性、或順序性予以評等。
5. 了解那一種的環境條件可與以上所列的機會時，必須將靜態與動態的條件寫下來。
6. 寫下每一種機會降臨時所須採取的一套行動。
7. 把握所已掌握的靜態條件。
8. 觀察所需要的動態條件以視其是否已達成熟的條件。
9. 必要時製造或促成所須的動態條件。
10. 機會發生時，將所擬妥的行動付諸實施。

這個方法的優點在於主動地去發現機會與創造機會。有了準備之後，萬一有意想不到的機會到來時，便比較容易予以把握了。讀者若將以上各步驟與第一章第四節所介紹的呂不韋的奇貨可居的故事相對照便可加深對此法的了解了。

四、潛在問題分析法

無論是從事發明發現、社會改革、軍事行動、工商投資、

出國留學，或其他各種冒險事務時，當事人遲早會捲入一個不熟悉的環境中，遭遇到一些為自己所難以控制的事件；或遭遇到受很多人，尤其是權責不分的人所影響的事件。在以上的任何一種情形下，就必須考慮一些潛在的問題以供決策時參考。假如所冒險的任務對自己與他人會有深遠的影響，就必須有系統地試用「潛在問題分析法」，以縷析一些所可能發生的問題及其預防解決之道，以策萬全。以下所介紹的方法原由克普納與屈利歌（Kepner and Tregoe），所創，經過吳茲與戴維斯（Woods and Davis, 1973）以及筆者加以修改而成。

「問題」是所發生事件（亦即現狀）與所應該發生之間的差異；潛在問題則為所可能發生與所應該發生事件之間的鴻溝。無論是所已發生或所可能發生，當事人都應了解當前與非當前的事實。所以筆者在吳、戴兩氏的方法中另加「陳述事實」一項（以下第二項），並以小留學生為例，以示應用之道。

1. 具體地陳述最終的目的，目的是所應該或所要使之發生的事件。新產品製造之時或之後都會充滿很多問題。只要自己認為所應該發生的事件還未發生，問題便永遠存在。

每一次只能陳述一個最終的目的。要是遠程的目的可以分成幾個階段，如近程、中程、遠程之類，仍應只例遠程中的最後一個目的。這是因為當事者考慮到全程中所可能發生的問題之後，可能會改變某一階段的目標，甚至會改變或取消原來的計畫。經過問題分析後而取消原來的計畫，也是這個方法的一大成就。否則所投入的人力物力都將白費。以小留學生為例，父母的目的是：送小裝到美國大學完成學位。但是經初步的潛

在問題分析之後，發覺小奘在美國無人照顧，而澳洲則有，因此其長程的目的便改為送小奘到澳洲大學完成學位。

2. 收集並陳述當前與非當前與實現目標有關的事實。為使考慮周到，可用六 W（who、what、when、where、why、how）法，或人、物、事、時、地與其他各類的項目將全程的重要事實例出。所謂重要事實，係指可以成為影響實現目標的因素。每一個項目不只限於一個事實。例如：

人：小奘，男，十五歲，念國中九年級。體健，外向，智力中上。英文說寫聽均差。

父：年五六，自營旅館業，英文說寫均可。身心健康。

母：年四六，自營餐館，善交際，願承擔所有費用。

在澳照顧人，男：中國人，教員，六四歲，體健，子女在美。女：教員夫人，六二歲，體弱，照顧多位小學留生，對小奘尤為關愛。除此之外，另有兩位照顧其他小留學生的中國人於必要時可以照顧。

兄：年十九，在美念大一，住校，體健，英文尚差，成績平平，尚不懂事，有小糊塗之稱。兄弟感情平平。

在澳朋友：人緣頗佳，朋友中無不良習慣。

物：已有學生簽證。必須品無缺。

事：與教員夫婦簽有契約。先念一年英文，然後正式入私校，但私校畢業難進公立大學。

時：十六歲以前可以觀光名義出國；以後則因役男之故不能出國。

地：宿舍供食宿，該地小留學生眾多，多由教會照顧而進

私校。

其他：暫缺。

這一步驟，「陳述當前與非當前與實現目標有關的事實」相當重要。每一個事實都是達到目的的因素。以下幾個步驟都依賴各項事實而發展。所以不可漏掉重要的事實。有的項目，例如上述之「在澳照顧人」，亦應將應有而沒有的條件或事實例出，以作為發現潛在問題的依據。

3.列出潛在問題一覽表：此時當事人可以應用腦力激盪法列出達到目的之前所會發生的問題。為了簡便，所列的問題可暫時不必界定。凡是有礙於達到目的的因素都是潛在的問題。

潛在的問題可分成兩大類：現實穩定與現實變動。前者為根據上述之事實而推測在重要事實沒有重大變化的情況下會有的問題；後者為當上述之重要事實有所變化後所會發生的問題。據此則小婓之重大潛在問題為：

(1)重要現實穩定下的潛在問題

- 與中國學生同住，英文聽講能力不能速進。
- 無父母照顧，親子關係疏離
- 價值觀念變遷
- 代溝加大
- 照顧他人子女顧忌較多，增加照顧人身心負擔
- 病痛照顧
- 學校交通
- 父母往訪，機場接送的問題。

(2)重要現實變動後的潛在問題

- 照顧人老衰或遷離，則需換人照顧
- 照顧人熱誠減輕
- 照顧人的家人不再支持
- 照顧人夫婦間對照顧的問題意見不合
- 中學畢業後進大學之問題
- 正式入學後之課業問題
- 受不良電視影響
- 受不良朋友影響
- 生病
- 被勒索

用腦力激盪法所列的問題雜亂無章，各種類似的問題可予以歸類，然後另陳述成屬於某一類的問題。由於以上所列問題很少，有很多條都可以單獨成類。第一項「重要現實穩定下的潛在問題」的最後兩條可以歸納成「屬於交通之問題」、第二項「重要現實變動後的潛在問題」的頭四條可以歸類為「屬於照顧人之問題」。這種歸類的做法一則可使問題減少；二則在尋求解決之道時，可能會收整體解決之功。

要是問題很複雜，則應該更深入地探討該問題的特殊性質。當事人可以用六 W 法中的一些類目作為進一步搜集資料的根據，並以之分析問題的人、物、事、時、地與其他各方面的特質。這種資料的收集與分析可作為估計問題嚴重性與可能性的依據。

此外，潛在的問題依目的與時期的長短有所不同。陳述時不妨將目的分成近程、中程、遠程，或將遠程的目的分成幾個

階段。要是各階段的目的可以自成單位，則可先分析第一階段
目的中的問題。

　　4. 估計潛在問題的重要性與發生的可能性。潛在問題的重
要性可視後果而定。它可以用一到十的量表予以計量。「十」
代表可以使目的完全失敗「七」可以代表延誤達到目的「一」
則指影響輕微。在可能性方面，也可以用十分量表予以計量。
「十」代表 100％ 會發生，「七」代表約 75％，「一」則約
5％。茲將上述重要現實變動後的各種潛在問題的估計列於下
表以資參考：

表 3-1　　潛在問題分析表

潛在問題	重要性	可能性	解決方案	費用
照顧人老衰或遷離	10	10	更換照顧人	約多付五千
畢業後不能進澳洲大學	9	8	進美國大學	多美金一萬
正式入學後之課業問題	9	9	多準備少選課	
受不良電視影響	5	9	請照顧人篩選	
受不良朋友影響	8	5	請照顧人篩選	
生大病	8	1	暫不設防	
被勒索	5	1	錢不露白	

　　5. 預先想出預防與解決之道：經過對潛在問題的重要性與
發生的可能性評估之後，就必須衡量這兩個數據的交互關係。
重要性高而可能性低的潛在問題可以暫時擺在一邊，而先行為
重要性與可能性均高的潛在問題預先想出預防或解決之道。假
如預防或解決之道可以用一兩句話表達出來，則可以在上表另
加「解決方案」一欄以記載要點，以便日後詳為計畫。假如一

眼就可看到有一兩個重要的潛在問題遲早就會發生，就可先行設想預防或解決之道。對於重要性與可能性均高的潛在問題，必須另用腦力激盪法以列出一些解決之道。假如所擬付諸實施的解決方案又會帶來一個新的而又會充滿很多難測的因素，則必須就該主意另作一次潛在問題的分析。例如上表中第一項「照顧人老衰或遷離」至為重要。倘若發生，則其他幾個問題發生的可能性都會增加，因此必須單獨另予處理。

經過應用腦力激盪法之後，小奘的父母決定用兩年的時間同時推動以下兩個方案：一為在澳另交新友以備接班，許其除支付一切照顧的費用外，並在澳租一房子，供給小奘及其全家免費居住。水電費與修理費均由租方負擔。

二為在其兄所住的小城就學，與其兄同住。最好能找到一對可靠夫婦照顧兩子，租一洋房，免費讓他們居住。

此兩方案自以後者為上策。因此便以後者另作潛在問題的分析。分析的結果發現除了也有前述在澳的幾個問題外，還會增加其兄之心理壓力並對其兄之學業有負面的影響。最後的決定只有兩害取其輕了。

6. 在表中的最後一欄可另加「費用」一項用以估計每一解決方案所會有的費用。這一欄的重要性須視當事人的經濟能力與解決方案的價值而定。若無力負擔，其本身便是一個問題。

總之，這個潛在問題分析法的主要目的是在問題尚未發生之前，先行發現一種措施所可能發生的問題以作未兩綢繆之計。主持政經、外交、軍事，以及研究發明的人物都曾經或多或少或非正式地應用這一類的方法。有系統地應用這一方法將

有助於避免重大的災禍與損失。後悔莫及的人都會痛惜當初沒有想到會有這種問題。

第四章

問題的分析與界定

第一節　因素分析

這裡所謂的因素分析是在個別案子中，對問題的發生而尋因究果的分析，而非統計學上根據所得的大批資料而作的因素分析。喜歡追查原因的人一定會喜歡應用以下的方法。

一、原因的發現

㈠因果分析

目的：尋找發生問題的原因。

原因總是某種特質、程序或條件等發生了不應該有的變動。而這一變動，使平衡的變成不平衡。當事人可以比較所受影響以及所不受影響之情境間的各種特徵以找出影響兩者間不平衡的原因。真正的原因應該是可以精確地解釋問題之所以成為問題的種種現象。

　　美國的全錄公司經常在公司內請專家訓練員工應用問題解決法為公司改善品質，解決問題，並創造機會。它曾經於1989年從三千多位競爭者中，獲得美國有名的全國品質管制獎（Malcolm Baldridge National Quality Award）。該公司提供筆者多種解決問題的方法與實例。其中有一個「魚骨法」是藉像魚骨一樣的圖形來顯示因果的關係。魚頭是果，魚身上的每一根骨頭代表一種可能原因的類目。應用時共有四個步驟：

1. 將問題（亦即結果）寫在右邊的長方形中，然後在長方形的左邊畫一個很長的箭頭，箭頭指向問題的所在。

2. 列出可能原因的類目，將之寫在箭頭的兩側如下圖所示：

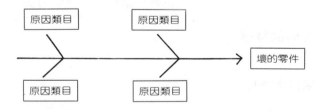

3. 在每一類目的項下列舉可能的原因，並在主線兩側畫一些支線，將每一原因寫在一個支線上。

4. 將所有的原因都列出之後，指認一個最有可能的原因。將這一最有可能的原因另作以上的魚骨式的分析。

判斷最有可能的原因時，可以自問：「所變動的是什麼？

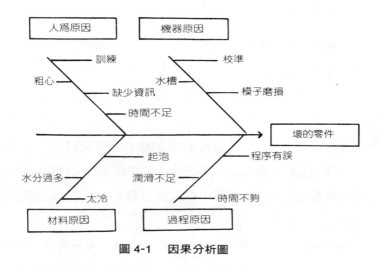

圖 4-1　因果分析圖

在人、機器、材料或過程上曾經有何異樣？」。以前所介紹的六 W 法也可以用來尋找最可能的原因。

　　這個魚骨法的另一種做法是在第二步先用腦力激盪法列出所有可能的原因，然後將之分類而成第三步的圖式。然後從每一類上再補充前所漏列的可能原因，不過對該問題比較在行的人，應該會知道問題的原因，不外乎幾大類，在這種情形下，還是用上法來推論為宜。

　　認出最有可能的原因之後，就須要加以檢定。若核定後知其不確，便需要另為指認一個最有可能的原因，如此循環，一直到找到原因為止。

(二)主因分析

有的時候，一個問題有很多原因。若非把所有的原因都消除，就不會將問題徹底解決。但是有時因經費、時間，與其他各種因素的限制，不能將所有的原因都消除；或者是消除所知的所有原因，另有未知的原因可能會發生。在這類情形之下，可以採取一個策略：將最常發生的原因，或主因予以消除，其他的便隨他去罷。換言之，不必將問題徹底解決，只要將問題發生的次數大大地減少即可。在這種情形下，便可分析問題的主因。

在美國的工業研究單位經常用一種普拉圖分析法（Pareto Analysis）來區別重要的與不重要的問題。這個方法是將與各種可能原因有關的數字用長矩形，依其長度從左到右依序在坐標圖上顯示出來。因此，這種圖可以指出那一個是最重要的原因，以及解決問題的優先次序。我們可以從以下的步驟中進一步地了解其真髓。實際的例子：顧客抱怨的最主要的原因，是由美國全錄公司（Xerox Corporation）所提供。

1. 決定資料的類目：該公司將顧客抱怨的最主要原因分為以下四類：
   - 抱怨的種類
   - 抱怨的時間
   - 接受最多抱怨的人
   - 其他
2. 選擇一個類目，將這個類目再分成細類，在一段的時間

內搜集各細類的資料；亦可先搜集資料，再根據資料予以分類。

顧客抱怨	次數
回覆太慢	43
缺失零件	12
所浪費的時間	7
一直沒修好	15
干擾顧客	2
總數	79

3. 歸納以上細目的資料。將細目依數字的大小排列並算其百分數。

顧客抱怨	次數	累積百分數
回覆太慢	43	54
一直沒修好	15	19
缺失零件	12	15
所浪費的時間	7	9
干擾顧客	2	3
總數	79	100%

4. 將數字資料輸入坐標圖中。在垂直線上刻畫一量表以代表原因次數的高低。以我們的例子來說，便是抱怨的次數。

5. 繪一矩形圖，每一個矩形代表一個細類。將最長的矩形畫在左方，依次逐漸矮短下去。

6. 在右邊畫一垂直線以代表累積百分數。在原圖根據累積

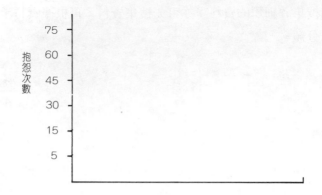

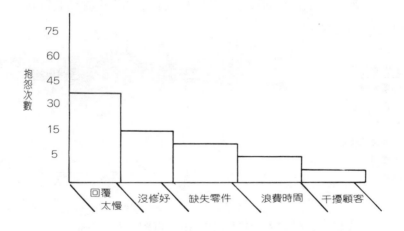

百分數而畫曲線。

　　作主因分析時，最重要的是第一步驟：將可能原因的種類都列出來。然後看其圖中左邊的一個或兩個直方是否特別高於其他的直方。若有，其主因便突顯出來了。

　　有時做完主因分析之後，尚須就其主因再收集更詳細的資

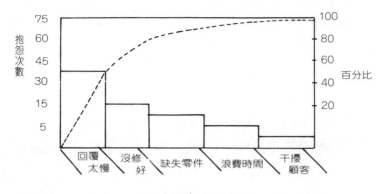

圖 4-2　主因分析圖

料，把主因之內的資料予以分類，另做一主因分析，以便從主因中發現主因之主因。在第六步的分析中，回覆時間太遲是最主要的原因。但是在緊接著的兩個次要原因：沒修好與缺失零件，其所占的百分數也不小。將這兩個次因分別另做主因分析之後，便會發現費用一因素為缺失零件的重要問題，因而使缺失零件這一因素比沒修好更為重要。

㈢正負力量分析

　　目的：分析有助於與有害於達到目的的力量（因素）。
　　前一個方法在於查尋一個已經發生的問題的原因；這個方法則在問題發生之前預計在人力、物力或其他方面有助於與有礙於達到目標的力量，以作以下三種未雨綢繆之計：
　　• 增加助力的次數或力量；
　　• 減少阻力的次數或力量；

‧增加助力的次數或力量而同時減少阻力的次數或力量。

有時可以用數字將正反力量加以衡量以便預估達到目標的費用與可能性。

1. 具體而客觀地訂立目標。亦可將現狀與所要達到的地步陳述出來。

2. 列出有助於與有害於達到目的的力量（因素）。必要時可用腦力激盪法，並且借助於團體之力來篩選正反兩方面的力量。

3. 用五分量表來估計有助於與有害於達到目的的力量，數字越高，力量越大。

4. 認定最主要的力量而加以處理。這便包括加強助力，減輕或消除阻力，但通常是以消除阻力為要務。若能將阻力化為助力則尤為上上之策。

以下三個問題有助於決定那一個阻力需要處理：

‧那一個阻力最難消除或減輕？為什麼？

‧那一個阻力最易消除或減輕？為什麼？

‧為時多久？

以下五個問題有助於決定那一個助力需要處理：

‧助力是否已（可）充分加以利用？

‧所利用的助力是否還可以加強？

‧是否可以將助力用在另一方面？

‧是否還有漏列的助力？

‧對助力有多少控制？

以下是美國一個大公司員工以士氣為問題而作的正負力量

分析圖表。參與解決問題的員工用腦力激盪法來列出該公司內
有助於與有礙於工作士氣的各種因素後，便將最後所決定的幾
個重要因素列於圖 4-3。

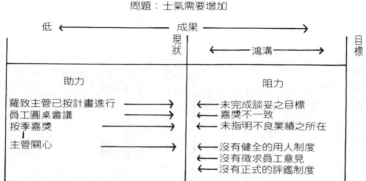

圖 4-3　正負力量分析圖

　　然後都個別地用表 4-1 來評鑑各個正負力量的強度。強
度高者（最高為五分）便為主因。評鑑者必須將評分高低的理由寫
出來以便進一步地查出問題之所在。

　　員工個別地填好表 4-1 之後，主管可以自行根據各表的
資料來作一總結，或請參與人員予以討論後作結論。

　　由表 4-1 可知這個正負力量分析的程序，止於進一步地
發現問題的所在。而這個時候所發現的問題尚須予以界定解
決。

二、架構套用法

　　在查尋問題方面，我們都會用一種抽絲剝繭的方法來發現

表 4-1　　正負力量分析表

1.陳述目標（問題）士氣需要增加	3. 強度	4.決定所要處理的主因		
		主因	評分高低之理由	應考慮之點
2A.　阻力	低　高(1)　(5)			
未完成所談妥之目標	5	＊	管理不周	阻力最難消減？
嘉獎不一致	5	＊	管理不周	
未指明不良業績之所在	5	＊	管理不周	最易消除？
沒有正式的評鑑制度	4		人事決策	
沒有徵求員工參與	4		浪費人力	需時多久方可
沒有員工進修制度	4		效果有限	減輕或消除？
2B.　助力				助力
羅致主管已按計畫進行	4	＊	屬於學習、溝通之問題參與感	是否盡力而為了？
員工圓桌會議	5			
按季嘉獎	4			另加應用？
主管關心	5			有多少控制
按季審查調整工作量	3	＊	跟蹤	力？

問題。假如電燈不亮，我們會先查燈泡，若燈泡沒壞，便查插頭，要是兩者都沒有壞，便查燈身。如此有系統地循路追查，終可發現問題。

　　在科技的領域，有許多封閉的系統有其固定的架構與範疇。假如有一功能發生了問題，只要在該架構之內一一查驗，便可發現問題的所在。所以有的問題是可以憑系統的固有架構而分析的。

㈠一般的架構套用法

在非科技的領域，假如也能像科技領域一樣，有一套系統架構來分析問題，便可不必瞎猜亂想，無的放矢了。所以，在非科技的領域，要想分析問題，最好能採用或修改一個已有的架構，憑架構上項目，一一收集資料，予以分析。由於各領域都有自己的架構，在此只能用一般性的步驟。筆者發現美國的全錄公司有幾個「問題分析」的例子，符合一些一般性的步驟。因此以下便用該公司的一個實例來解釋有關的步驟：

1.陳述所發生的困難。

實例：有許多創新的主意不合公司的系統，有些很適合的則不被接受。這種現象使公司錯失機會，使創新者受到挫折，使一些問題沒有解決。

2.獲得一個已有的架構。屬於事件方面的問題，可用六W（who, what, when where, why, how）作為架構。

實例：該公司採用以下一個現成的架構來分析問題。不過就以上一問題而言，並沒有分析以下的最後一個項目：創新過程。

控制過程：包括計畫、預算、法規、權責與報告呈閱系統。

酬勞過程：在外誘動機方面包括薪水、升遷、榮譽、地位與正薪之外的酬勞；內在動機方面包括培養員工之成就感與自我價值。

訊息交流：包括公文、電話、面商、會議等訊息的通道。

　　解決衝突的過程：用避免、仲裁、勒令停止，或促進提高產量之類的競爭等方法以減輕員工之間的衝突。

　　決策過程：包括應用各種恰當的決策法作決定。

　　人性（亦即心理）：包括員工對工作場所與同事的觀感以及受經驗、期望、與公司氣氛所引起的動機。

　　創新過程：包括從萌芽主意到實現創新之間的各種活動。

　　3. 假如沒有既定的架構，便盡量列出與不正常事件有因果關係的因素，然後以此作為架構。必要時，商請專家共列。

　　4. 憑架構上的項目，一一收集資料。對於曾經發生變化，以及可以精確地解釋問題之所以成為問題的種種資料尤需注意搜集。

　　實例：由專案小組的組員分別用問卷，面談，會議等方式去搜集架構內各項目的資料。

　　5. 比較所受影響以及所不受影響之情境間的各種特徵以找出影響兩者間差異的所在。真正的原因應該是變化得足以影響結果的因素。

　　實例：全錄公司將資料分析之後，發現架構內各項有以下各種問題（Innovation Problem Solving Team, 1986）：

　　控制過程：

- 在有一個好的開始之後，主管便逐漸關心新產品的冒險性，因此不敢給予充足的發展經費。此外，錯誤的目標設定誤導設計的方式。
- 下層員工有短期的問題有待解決。他們往往將創新視為冒險並有礙於既定的工作。

- 各單位都有完成各種計畫的期限。而產生新產品則需要有寬裕而富於伸縮性的期限。
- 事後沒作個案研究，有則亦無傳閱，因此不利於學習。
- 有計畫便有經費。若計畫被取消，創新的主意也隨之俱逝。

酬勞過程：

- 現有的酬勞制度對完成既定的目標有利，對冒險不利。尤有進者，不革新者並無懲罰。
- 酬勞不公平。有時創新的人得到獎勵，實現創新的人則沒有。反之，也有時候因新產品而業績昭彰的單位得到酬勞，卻忘了產生創新主意的人。也有人對創新抱有「有什麼用？」的態度，因為事成之後，上層得到好處，下層沒有，有時還得到懲罰。
- 有時失敗反而得到好處。公司往往對有麻煩的計畫增加經費與人手。
- 有時，酬勞不合時宜。有功之人會怕因高層人事的變動而得不到獎勵。
- 獎金經常沒有用完。有時卻給與很久沒有得到獎金的人。有時不給有功的人，因為他們最近纔得到一個。

訊息交流：

- 門戶之見，親疏之別與缺少媒介階層阻塞了訊息交流。不正式的訊息管道被認為比正式的訊息交流更為有權威。
- 創新者與消費者都欠缺訊息交流的技能。

- 創新者與消費者必須溝通，但有時卻難以決定誰是恰當的消費者。
- 創新者欠缺與決策者溝通所需的語言與技能。

解決衝突的過程：

- 創新者經常不是執行單位的一分子。後者覺得事不關己，卻又要承當失敗的責任。他們若認為創新者的解決方案不合情理，便拒絕執行。
- 在執行的階段，創新失敗的可能性增加了創新者與使用者的衝突。這在技術尚未成熟時，發生的可能性最大。
- 由於立場的不同，創新者與使用者的衝突不可避免。這兩者之間缺乏具有遠見的仲裁人員從中溝通。
- 可能的顧客難以接受非由他們所提的創新主意；而創新者卻又不願受人指使發明，定期繳貨。
- 在化解糾紛上花了太多時間，延誤了原先的創新與計畫。

決策過程：

- 有過度分析，延誤時機的趨勢。
- 決策者過為著重短期的效益。主要的決策者經常不是最大的收益者。因此，需要立即投資可望有遠期效益的創新，便難獲決策者的照顧。
- 經常不能確定誰是主要的決策者。因此公文常被延誤。
- 誰應對決策負責亦經常不明。
- 創新者沒有上訴的軌道。一旦主意被拒絕，便沒希望了。

- 執行單位無權拒絕執行創新，即使不同意，還是要執行。

人性：

- 一些創新者不屑細節，不顧成規，不迎合顧客心理，因此不與執行單位共患難。他們甚至不任執行人員。
- 創新者往往獨行其是，不善與人合作。
- 創新者往往不是很好的銷售者。他們不是對銷售感到不安，就是太過熱心，吹噓自己的發明，使顧客難以忍受。
- 決策者不開明，難以接受新主意。必須等到對手已經成功地推出同類的新產品後，方始知道新主意的價值。
- 決策者看出由決策者所吩咐而得的發明對自己的個人利益較大，往往忽視由創新者自發自動的創新主意。
- 若有一新主意剛被接受，隨之而來的新主意便易被拒絕。
- 創新者往往只著重產生主意而忽視人際關係。他們認為人際關係有礙於創新。

　　由上可知，全錄公司所作的對公司內創新問題的分析，發現了很多書本上所看不到的非常寶貴的實際問題。這些問題有的急須解決，有的，尤其是人性心理的問題，恐怕永遠都不能解決。

㈡間次分析法（Dimension Analysis）

　　以前所介紹的屬性枚舉法用一物的主要構成部分作為間次

以便於枚舉屬於該間次的屬性。這種方法用之於可觀察到的物品，當不致於漏列重要的屬性，用之於不能觀察到的人文事件，就會有漏列之虞。欲將此法用之於分析與改進具體的物品與人文的問題，則可參用詹生（Jensen, 1978）的間次分析法。

此法是先擬定一個比較重要而通用的架構以便於分析問題。該架構由實質（substantive）、空間（spatial）、時間（temproal）、數量（quantitative）、質量（qualitative）等五個間次組成。每個間次再細分為數項亞間次，每一亞間次都有一些問題可問。茲分述如次：

　1. 實質間次

　　　(1)應做、改做或不做？

　　　(2)應改變態度抑或行為？

　　　(3)手段抑或目的？

　　　(4)積極抑或消極？

　　　(5)可見抑或不可見？

　2. 空間間次

　　　(1)近處抑或遠處？

　　　(2)特定抑或一般地點？

　　　(3)孤立（可以局部控制）抑或擴散？

　3. 時間間次

　　　(1)歷史性抑或最近性？

　　　(2)此時抑或即將發生？

　　　(3)經常性抑或間歇性？

　4. 數量間次

　　(1)單數或多數、單因或複因？

　　(2)多人抑或少數人？

　　(3)一般抑或特殊？

　　(4)簡單抑或複雜？

　　(5)豐富抑或稀有？

5.質量間次

　　(1)哲學性抑或表面性？

　　(2)生存性抑或增益性？

　　(3)主要性抑或次要性？

　　(4)違犯那一種價值或信條？

　　(5)違犯（價值或信條）的程度如何？

　　(6)價值或信條是否妥當、是否一成不變？

　　以上的問題可當做一種問題清單或明細表來分析與發現問題，以資決定改進的對象。實際所用的間次與亞間次可視問題的性質而增減。應用時可參照以下幾個步驟：

　1.決定目的或所要改進的事物。若要分析問題，則就此陳述該問題。

　2.擬定所要分析的間次（項目）。

　3.試答各間次中的問題。

　4.根據其對目的之關係而評估每一答案。

　5.選擇最有價值的問題以資改進。

　　此時問題應該已經發現。下一步驟就是界定問題，尋求解答了。

(三)發現行為問題的架構

　　這個方法是綜合心理學上的累積行為記錄法與類目概念學習法而來。累積行為記錄法是在一段的時間（兩月或三月）中，將一個人的行為紀錄下來，然後計算某種行為一再重覆的次數。類目概念學習法是著重正例與反例，以及普遍性與特殊性的了解。在知人方面，孔子早就有一套搜集資料的類目：「視其所以，觀其所由，察其所安。」但是我們若是看到一個人向另一個人借錢，便斷定該人經濟有問題，便不見得就知道問題了。我們所必須知道的是借了多少次錢（累積行為），借了多久，並且借了多少。有的時候，光是搜集正面的資料，還不能找到問題或了解事實的真象，我們還必須找出反面的資料。另外有的時候，我們還須知道特殊性中是否有普遍性，或普遍性中是否有特殊性。例如一個男士對一個多年的女朋友說：「我愛妳！」並不見得可以作出「他是我的」的結論，因為他可能對另外一些女人也說過同樣的話。因此，要了解一個人的行為有沒有問題，一種運作有沒有毛病，就必須分析正反兩方面所一再發生的資料。遇有複雜的問題，就必須盡可能搜集以下各方面的資料：

- 正面行為或事件發生的次數。
- 應發生而沒有發生的次數。
- 相反行為或事件發生的次數。
- 發生的時間與久長。
- 行為或事件的影響（包括時間與金錢的損失）。

- 該特殊性中是否有不特殊的例子，否則就不成其為特殊
了。

以上只介紹三個比較普通而有用的架構，各行業都有各行業適合不同情景的架構，了解架構的作用之後，便易於積極地去尋找或修改已有的架構了。

第二節　圖表資料分析

在杜威（Dewey）、羅斯門（Rossman）、奧斯本（Osborn），與簡化工作（Work simplification）的問題解決法中，都有收集或分析資料這一步驟。有的問題解決法將這一步驟放在發現問題之前，有的將之放在發現問題之後。其實這一步驟與評價一樣，在每一問題解決階段都要應用，只不過其目的與功用則隨階段而別。若將這一步驟放在發現問題之前，其目的是在發掘問題；若將之放在發現問題之後，其目的則在進一步地界定問題。假如分析的工作做得到家，或碰到比較容易界定的問題，則資料經分析之後，便可進入界定問題的階段了。本節所講述的分析資料這一步驟，是專為界定問題而論，與其他步驟無關。

無論是在發現問題之前，或在發現問題之後，分析資料都是解決問題的一個重要步驟。有的人不分皂白，將教條當做資料，一有問題，便根據教條而驟作結論。因此便有殺人者死之類的冤獄發生。會解決問題的人，必定會搜集資料，尋因究果，先從資料中發現問題的所在，而後謀解決之道。

一、資料的種類與圖表分析

在資料搜集齊全之後，用合式的圖表來顯示分析的結果，可以使人一目了然，減低訊息的負荷。以下分別談資料的種類與圖表的分析。

㈠資料的種類

資料有很多種。本節所談的是可以用圖表來顯示問題的資料。每一種圖表都有其特殊的作用，用那一種圖表，應視以下資料的種類而定：

- 對分（binominal）資料：這是可以用「是、非」、「男、女」、「有、無」、「非此、即彼」之類的二分法來劃分的資料。

- 分類（nominal）資料：這是將變數的資料分成許多類，然後從各類收集其數字，或再分成細目。例如圖 4-1 所顯示的四種原因，便屬於分類的資料。在問卷調查中，填表者就某一類變數而填的資料也屬於分類的資料。

- 序列（ordinal）資料：名次、官位、評等、房號等序列性的稱呼或數字。

- 不連續（discrete interval）數字：一是一，二是二：不可將一分為二，沒有小數點的數字。若謂某人有一個半的太太，便沒有意思了。

- 有連續性（continuous interval）的數字：身高、體重、時間之類可以用小數點來表示的數字。

㈡決定合式的圖表

一張圖勝於萬言書。圖表往往能化複雜為簡單，使千頭萬緒的難題化成一目了然的圖形，大大地減少了處理訊息的負荷。具體地說，圖表分析的目的是用圖來顯示一個變數的趨勢，變數與變數間的相關，或變數之間量的差異。問題解決者從圖中所顯示的趨勢、相關或差異中，易於發現問題的所在。但是用那一種圖表來表達，則須視以下各種問題資料的性質而定：

問題資料的性質	圖表的樣式	功能
分類資料	因果分析圖	將原因歸類
	流程圖	診斷過程上的問題
	餅塊圖	各部分在全部中的百分比
分類或序列資料	計數表	顯示變量的分布狀況
	條形圖	比較類目間量的差別
序列或數字資料	曲線圖	兩變數間的相關
	主因分析圖	在眾因中突出主因
數字資料	直方圖	單一變數的數值分布

以上之因果分析圖與主因分析圖因其皆與因素分析有關，都已先在上一節詳述。其他的圖表則於本節介紹。

二、分類性資料圖表的製法

如前所述，分類資料是將變數的資料分成許多類，每一類都賦予一個類名，然後從各類收集其數字，或再分成細目。前一節所介紹的因果分析法與主因分析法中的分析圖都屬於分類

資料的分析圖。

因果分析圖（見圖4-1）是藉分類資料來顯示各種原因。其優點在於能化抽象為具體，並將複雜的原因分類列出，一目了然。畫在黑板上供給團體討論時，便於上下左右，來回比較；增減資料，尤其容易。

主因分析圖（見圖4-2）用以顯示主要的原因。其底線所顯示的是分類性的資料；左邊縱線屬數字資料；右邊縱線與曲線則為百分數。其製圖的步驟已如前述。

此外還有流程圖是用來顯示達到一個目的所必經的步驟。本章第二節有一「界定問題流程圖」便是一個簡單的例子，第六章第二節另有詳細的介紹。

除去因果分析圖，主因分析圖，與流程圖之外，尚有計數表、餅塊圖、條形圖等也可以顯示分類性資料的問題。以下先介紹最簡單的計數表。

(一)計數表

計數表簡單而易用。既可顯示變量的分布狀況，亦可用以表示超越範圍的情形。下表顯示每袋白米應有一百磅，上下不能超過半磅。但抽樣稱量的結果顯示從未超越只有不足，頗有問題。

(二)餅塊圖（ Pie Chart ）

餅塊圖便於顯示成分的問題。整塊餅代表一個百分之一百的整體，從圓心分出來的小餅代表部分。所以被分割成數塊的

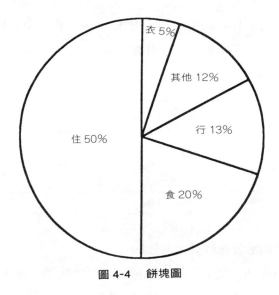

圖 4-4　餅塊圖

楔形對於分析部分與整體關係的問題，尤有幫助。大餅代表一個總類，楔餅則為分類。假如將餅塊圖中的資料用條形圖圖表達出來，就難以看出部分與整體間的關係了。製作餅塊圖的步驟為：

　　1.計算出部分與全體的百分比。

　　用以下一個公式來算出每一部分（用英文字母來代表）與全體的百分比。從最大的部分（以 a 為最大，b 次之）先算起，算完 a後，再算 b、c 等。

$$X \div （ a＋b＋c＋d＋e ）＝Y 部分的比率$$

　　其中 X 相繼以 a、b、c、e，或 d 所代表的數字代之；Y 為 X 部分在全體的比例。因此，a 部分的比率為 a $\div$（ a＋b＋c＋d＋e ）。

茲以 a、b、c、d、e 分別代表衣、食、住、行，及其
他開支，其原來的數字與分別為：

變數		費用	百分比	圓周值
a	衣	NT $2,500.00	5%	18.00
b	食	10,000.00	20%	72.00
c	住	25,000.00	50%	180.00
d	行	6,500.00	13%	46.80
e	其他	6,000.00	12%	43.20
		50,000.00	100%	360.00

2. 算出部分在圓周上的分量。

圓周為 360 度。將以上各種 Y 值乘 360 度（$360 \times Y$）便得
各部在圓周上的分量。以 a 為例，其算法為：

$360 \times a = 18$（亦即 $X = a$ 所得的 Y 值，以下簡稱 a 值，b 值等）

3. 分割圓周。

從圓周的頂點向反時鐘的方向開始，用圓規在圓周上畫相
等於 a 值的圓弧，然後以 a 值圓弧的終點為起點而畫相等於 b
值的圓弧，如此這般，便可從左到右依餅塊的大小將大餅分割
了。不過有時二、三塊小楔形擠在一起，不便於將百分數寫
上，因此為了便於註明，便將各種小楔形分開，以便於註明
也。

4. 將各類的類名與百分數填入圖中相應的地方。

5. 指出問題的所在。圖中數字之太高、太低或與目標相差
太遠者便可能有問題。

表 4-2 計數表

計數日期：		
產品：白米	單　位：	
規格：一百斤±半斤	計 數 者：	

98.7		
98.8		
99.9		
99.0	//	2
99.1	////	4
99.2	////	5
99.3	//// ///	8
99.4	//// //	7
99.5	//// ///	8
99.6	//// //// //	12
99.7	//// //// /	11
99.8	//// //// //// /	16
99.9	//// //// //// ////	20
100.0	//// //// /	11
100.1	//// ////	9
100.2	//// /	6
100.3	///	4
100.4	//	2
100.5		
100.6		
100.7		
總數		125

㈢條形圖（Bar Graph）

條形圖的作用在於比較類目間量的差別，以便於比較長短不一的高低，能夠突出某一特殊的類目或位序，使人易於看出問題的所在。條形圖的製作法與以下所介紹的曲線圖類似，只不過橫軸上應用分類性的資料，而且不必畫曲線而已。

三、數字資料圖表的製法

無論是繼續性與非繼續性的數字資料，都可以用曲線圖、直方圖與控制圖來分析。

㈠曲線圖

曲線圖可以用來表示趨勢或兩個因素之間的關係，對於發現與時間或因果有關的問題很有幫助。其與條形圖的不同之處在於前者是用時間的數字在橫軸上來顯示趨勢，後者則將類目資料並排在橫軸上以比較各類目之間與類目之內變數的異同。曲線圖的製作法與條形圖類似，只不過橫軸上應用時間分類性的資料，而且加上一條曲線而已。茲以與時間有關的問題為例而列其步驟如下：

1. 用計數法將與變數相應的數字列出。
2. 將時間變數的稱呼分段記載在坐標的橫軸上，每段距離相等。
3. 將左方的直軸依變數的性質分段而成為一種量表。表中的量數通常的次數、價錢、百分數之類的數字。然後將

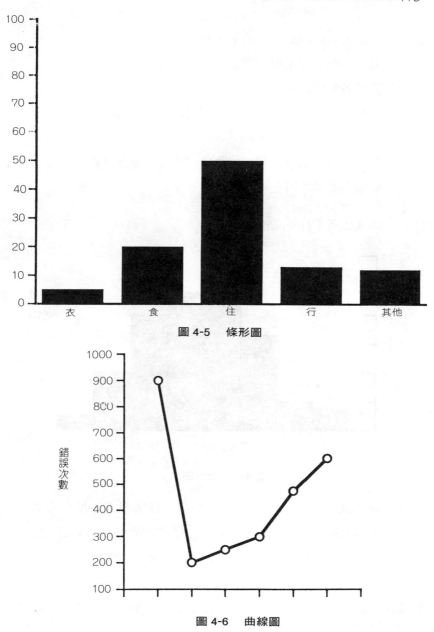

圖 4-5 　條形圖

圖 4-6 　曲線圖

　　量表與節段的名稱填上去。

4. 在坐標上畫上相應數字的坐標點。

5. 將各坐標點連成線。

6. 假如各坐標點不易看出，則可用細緻的點線將各段另畫
　　橫線或直線（如上圖）。

7. 將整個圖予以命名，並將數字的時間範圍詮明。

8. 指出問題的所在。

㈡直方圖（Histogram）

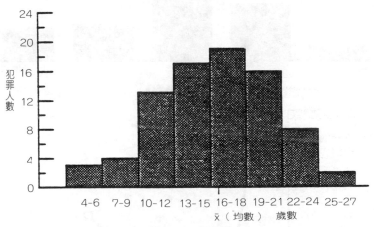

圖 4-7　　直方圖

　　直方圖用以顯示一個變數量在某一種情況之下的分布情
形，所以又稱為次數分布圖。其橫軸所代表的資料必須是有繼
續性的數字；直軸則繼續性與非繼續性的數字都可以，通常都
是次數、錢數、百分數、或其他的測量單位。其與條形圖的主
要差別在於前者的基線（橫軸）是用繼續性的數字；後者則以類

目的名稱來分。其製法如下：

1. 收集一個變數的數字。

2. 將數字分成數組，一般為五至八組。各組的上下組距的距離必須相等。

3. 以所分的組距依其大小從左到右登記在橫軸上。各組之間應無間隙。

4. 依數字的性質而等距離地分割直軸。

5. 根據各組數字的大小而在橫軸上畫方塊。

6. 若有必要，也可在各條形（方塊）的頂上連成曲線而成為一曲線分布圖。

7. 指出問題的所在。

綜上所述，我們可以將製圖的步驟條列如下：

1. 收集資料。

2. 決定合式的圖表。

3. 解釋圖表中的資料。

製造圖表時，必須使圖表中所應填的地方都填好，若有特殊意義的詞語與符號都必須在圖表的最後一行加以註解。換言之，圖表的本身必須自明，無需解釋。此即為圖表的優點。但在報告中，總要作一總結，以說明圖表中資料的特徵與問題之有無。由於圖表必須自明，以上簡單的圖表中的資料就不必一一在此解釋，茲以比較複雜的直方圖中的資料來作示範性的解釋：

在直方圖中所需探究的資料：

• 直方的分布是否呈常態分配抑或為歪斜的一邊倒？

- 其數量的全距（最高與最低分的距離）有多大？
- 是否只有一個高峰？
- 在兩邊是否有孤立的直方？

對以上直方圖中資料的分析：

- 最常達到的業績是在 85-94％之間。
- 其數量的全距（亦即個別差異）相當大。
- 直方的分布有一點一邊倒的現象，一些業績特高者提高了均數。
- 在右邊業績最高的四人值得注意。我們必須查出其原因。

第三節　界定問題的方法

我們可以在二種情形之下有界定問題的需要。一為在日常生活或研究的過程中接觸到問題。例如一個家人今天忽然變得很客氣，研究者無法就現有的知識解釋一種現象，工程師發現一種機器不能產生預期的效果等。這種問題，有一定的答案，是為關閉性的問題。

另一為故意去發掘問題，找東西發明。例如有人說：我想發明一個東西，但不知要發明什麼東西；或者一個廠家想推陳出新，製造一個新物品，卻不知道應該要製造什麼物品；甚至有人說：我有一百天的假期，不知要做什麼好。這一類的問題，沒有一致的答案，稱為開放性的問題。

無論是那一類的問題，都需要予以界定。界定清楚的問

題，為解決過程提供了正確的方向，解決時事半功倍，不會浪費人力物力與時間；在另一方面，也使評鑑的工作更為具體而容易。

一、界定開放性問題的方法

開放性的問題，有的是不知問題的所在而不能界定；有的則是為恐束縛心胸而故意不界定清楚。所以，這類的問題，很難發展出一些方法予以一一界定。因此，本節便先擬定一些原則以利界定：

㈠界定開放性問題的原則

1.除非百分之百地肯定，不可立即接受第一個印象所得到的問題。遇到困難之後，可以用腦力激盪法去激發對問題產生新的看法，並將問題用各種方式陳述出來。

2.每一個問題都代表一個，而且只能有一個目的。「如何提高動機以打掃房子」這一問題看似只有一個問題，其實是有二個：一是「如何提高打掃房子的動機」；另一是「如何完成打掃房子的工作」。這兩問題有很大的相關，但有打掃房子動機的人與實際從事打掃的人可以是不同的人。前者可以雇人去打掃房子。

不過目的的本身可以有多種的屬性。例如：如何用洋山芋做一個又香又甜的西點？

3.問題最好是對事、情境、或法規，而非對人、對事、情境或法規的問題比較容易解決，對人的問題不但不容易解決，

處理不妥反而會引起反彈而產生更多的問題。對人的問題即使獲得圓滿解決,但不見得能防止別人會發生同樣的問題。對事、情境、尤其是法規則不然。例如有一名員工經常在上班時間打私人電話。與其警告該人,還不如將問題放在情境或法規上:將電話移到大庭廣眾的地方,或者訂定電話規則,以觀後效。

4. 所陳述的問題中,不能含有一種解決的方案,以避免束縛思路。例如有一問題為:如何用電腦聯線來使各資料中心互通有無。若將這個問題改寫為:如何使一中心的用戶也能用其他中心的資料,則會有各種解決的方法,而電腦聯線只不過是其中的一種。

茲以下面的問題為例,其問題情景為:

「在與人交談時,好像是我會曲解他人所說的,而不去聽他人實際所講的話。我難以不解釋他人所說,或反其道而行,因為我經常害怕我會引起他人的不便(按:這句話因果倒置)。有人告訴我:『我不聽人家實際所說,而將我所要聽的強加於他人的話上。』其後果是在任何情景下都會沒有必要地引起難以相信的焦慮與壓力,因而妨礙我與人的關係。」

這個學生所陳述的問題為:

「如何減輕我與人交談時所引起的妄想狂,進而減輕自己的壓力與焦慮,以及增加人際的關係。」

很多人界定問題時,常在一個問題中包括了小問題,而這個問題則在小問題中包括了三個大問題:一為要減輕與人交談時所引起的妄想狂;二為要減輕自己的壓力與焦慮;三為要增

加人際的關係。此外，每一個大問題的用詞並不恰當，尤其是
「妄想狂」一症，並不是普通人所可以診斷的。她把可能是簡
單的問題變成極為複雜了。原來的問題可以初步地陳述為：

　　「如何使我不曲解他人所說的話？」或

　　「如何使我了解他人所說的話？」甚至

　　「為什麼我老是曲解他人所說的話？」

　　5. 假如解決問題的目的是在恢復原狀，或消除所發生與所
應發生之間的鴻溝，則目的必須明確，其他的用詞必須具體而
正確。例如以上的例子將曲解人家的意思說成有妄想狂，便是
很不應該的。

　　6. 用詞必須切題。這個問題，「如何提高動機以打掃房
子」並不是很切題的陳述。講這句話的人真正的目的是要使房
子整潔。所以這個問題應陳述為「如何使現在不清潔的房子清
潔」。這種問法便有很多可能的解決方法了。

　　7. 用詞必須恰當。所謂恰當，是指問題的範圍，或其抽象
度，恰到好處，不大不小，不太抽象，也不非常具體，假如解
決問題的目的在發明新的產品，或最初的目的是在激發創意，
則目的可以暫時隱瞞。

　　8. 即使自認已將問題界定清楚，該問題也還是暫定的。因
為在隨後搜集資料的過程中，隨資料的增加總會將問題重新予
以界定。有時問題會完全變樣而產生新的問題，因此而導致新
的發明。例如原來要解決洗碗機的某種問題，後來則變成「如
何發明一種不必洗的碗碟」，最後則以「發明一種可當食物吃
的碗碟」定案。第一次世界大戰期間，奧地利鋼琴家韋根斯坦

於赴俄參戰時，喪失右手臂。「喪失右手臂怎麼能夠彈鋼琴？」結果他委請韋伯等多位作曲家創作左手鋼琴協奏曲，解決了部分的問題。

（二）自我查問法

用以上的原則將問題初步界定後，可以用創造方法專家李卡茲（Rickards, 1974, P. 48）所設計的一套問答題以供有問題的人在一問一答間自行發現問題的所在。以下便以筆者之一學生的作業為例而介紹其方法如下：

1. 將所要解決（付諸行動）的開放式的問題寫下來。

　　問題：我租了一棟房子，房東規定要割草。每兩週就要
　　　　　刈一次草。但我沒有刈草機，如何去刈草？

2. 答覆以下與該問題有關的問題。假如對其中有一問題不能作答，便答覆下一個問題。

　　(1)「界定問題的方式總是不止一種，你是否可以另用一個方式來界定剛才所寫出的問題？」

　　　　例：我沒有錢去買一個刈草機。

　　(2)「……但是這個問題的要點是……」

　　　　例：草不割則長。

　　(3)「我所真正要做的是……」

　　　　例：找一個男朋友來割草可以不必付錢。

　　(4)「假如我可以不計現實的各種限制，我寧可用……法來解決。」

　　　　例：將地上鋪滿細石，做一個日本花園。

　　用一種化學品可以使草不長。

(5)「用另外一種方法所寫出的問題可以寫成為……」

　　例：如何去賺點小錢以便雇人刈草或租一個刈草機？

(6)「另外一種，甚至是奇怪的一種，對問題的看法或可
　　為……」

　　例：是否可以發明一種長得高不過兩吋的草？

3. 現在回到在第一步所寫的問題。想想看在第二步中所寫
　　的主意是否可用來重寫原先的問題。

　　例：如何去借一個刈草機？

　以上三個步驟並沒有必要一氣呵成。它可以做做停停，短
則數分鐘，長則數日，只要能達到可用更好的著眼點來看問題
即可。第二項之中的各種問題並沒有必要全部作答，有時在某
一問上突有所悟，而得到佳題，其他的問題便沒有什麼幫助
了。

㈢界定問題流程圖

　李卡茲（Rickards, 1974, p.49）設計了一個「界定問題流程圖」
以助人界定問題。圖中的右邊有一連串井然有序的界定問題的
問題。若對每一問題的答案是肯定的，圖中的支線便指向右邊
所列的一些方法以資應用補救。筆者仿其方法，重新列出本章
所介紹的方法於圖4-8。

二、界定關閉性問題的方法

　本書的旨趣是介紹創造性的問題解決法，本不應涉及界定

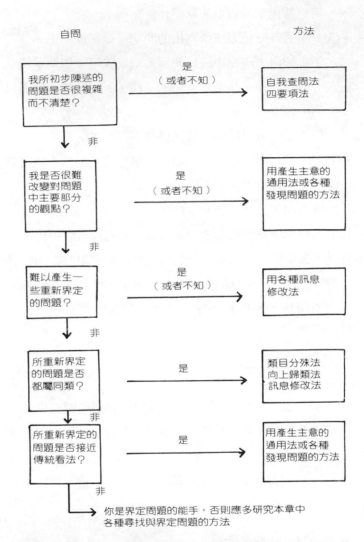

圖 4-8　界定問題流程圖

關閉性問題的方法。由於開放性的問題最後界定好之後，總會演變成必須有正確答案的關閉性問題，所以還是要介紹一個基本的界定關閉性問題的方法。

㈠四要項法

關閉性的問題是會有確定答案的問題。它就是「所應該」與「所實際發生」之間的差異。解決問題的人在尋找問題的程序上只要知道有問題存在即可，有時甚至連解答都已有腹案。

關閉性的問題有很多種，有數理教師出計算題給學生作答的問題，有待發現原因的問題。所遭遇的關閉性的問題多屬發現原因的問題。因此這裡所討論的方法便以尋根究底性的問題為主。

界定關閉性的問題時，必須先初步地具體陳述所遭遇的關閉性的問題。問題的陳述應視情形而包括以下四要項：主詞、動詞、情景與程度。

主詞的陳述別無祕訣，此處不另解釋。

動詞應該用行動，而非過程動詞。所謂行動動詞係指該動詞所代表的行為可以觀察或測量得到；而過程動詞則意義模糊，他人看不到其運作情況。例如「想出」、「欣賞」係屬過程動詞；「列舉」、「讚美」則有行為可查，便是行動動詞。列舉項目之多寡以及讚美之次數是可以測量得到的。

情景應包括所有的情景甚至所未發生的情景，與所必須提示的人、時、地或事等。

程度：盡可能用數字來表達。

　　所謂「初步地具體陳述所遭遇的關閉性的問題」是指當問題發生後，先用具體的字句來描寫問題的事實，而不是將自己的判斷寫出來。例如將有人「不說話」寫成「害羞」便是以己之心度他人的行為了。再如一個人搭錯飛機，有人便問：「他為什麼這麼糊塗？」。這個問題的抽象度太高，而且可能的答案：如他很笨，心不在焉，沒有經驗等，都不夠具體。假如問：「為什麼他搭錯飛機？」這就比較好。假如問：「為什麼他看錯飛機班次？」這就接近答案了。若能將「為什麼許多學生經常遲到？」陳述成「為什麼從彰化來的學生最近經常在升旗時遲到？」則原因就會很快地被找出來了。

　　在複雜的情況之下，尤其是人文性的問題，尚必須包括問題發生的情景與程度（問題的嚴重性）。例如說：「他為什麼不說話？」就太籠統。若改成：「他為什麼十次有八次在開會時不說話？」，或「他為什麼老在太太在場時不說話？」就比較切題了。

　　以這個問題陳述來說：「他為什麼十次有八次在開會時不說話？」，它有四個要項：

　　主詞：他

　　動詞：不說話

　　情景：在開會時

　　程度：十次有八次

　　陳述人文問題時，若將以上四個要項都包括進去，則雖不中，亦不遠了。否則尚應多加五 W 中的一些人、時、地、事等訊息以縮小問題的範圍，使問題恰當地陳述出來。只有一個

答案的，或界定清楚的問題，就必須在問題中給予足夠的訊息，以使作答者知道所要求的是什麼。數理的問題便屬於這一類。在日常生活上，常有人將必須界定清楚的問題當未界定的清楚的來問。例如一個太太質問先生：「你昨天去了那裡？」。這是開放式的問題，那位先生可以很輕鬆地列出許多去過的地方。假如她問的是：「你昨天吃完晚飯後去了那裡？」，或者更特別地說：「你昨天晚上九點多跟誰在一起？」先生一想，太座明知故問，只好從實招認了。

(二)確認性問題的界定（附流程圖）

如第三章第一節所述，確認性的問題是現有與所應有之間的差異。在日常生活中，一種功能發生故障，或感到困難，便有問題。在工商界中，為了要推陳出新，締造新業績，便訂立一個新的目標，人為地製造現有與所應有之間的鴻溝，這種改進性的問題，也須要經過確認與界定。所以以下所介紹的全錄公司所用的步驟，對這一類的問題也可適用。

1. 發現並陳述一個一般性的問題

在這一階段，只要先將所知的故障、困難，或不對的地方寫下即可。例如：某人態度不佳，員工效率不高，銷售量忽然降低，兩位學生在上課經常講話等。有的問題，例如汽車不能發動等，易於辨認，可以很輕易地予以界定清楚。在這種情形下，可以不經下一步問題的分析，便可逕去尋求解決之道。

2. 將問題分成一些次問題

比較大的或模糊的問題，則須將問題加以分析。我們可以

視問題的性質而將問題依其功能、原因或結構等分成一些組成分子。每一個組成分子都是一個小（次）問題。某人態度不佳的可能是因一時氣憤，身體不適，工作不順，受到歧視等等；銷路不佳可能是因標價太高，品質不良，廣告不多，推銷不力等等。這一類的問題，有時需要依靠腦力激盪法來將所有的問題成分都包括進去。

3. 將問題成分（或因素）加以研究、組合與評等

假如第二步是用團體腦力激盪法來列出問題的成分，則因當時說出主意時，並未多加思考，有的人不見得會了解其意義，因此在這一步便須研究一些難以了解的主意。非技術性的問題，如社會、行為、管理等都有很多複雜的因素，我們有時不能也不必將所有的因素都加以消除，但卻可將組成分子用第五章中所述的評等法予以評等，擇其最重要者先行當作一個問題予以考慮。我們也可以將相關比較密切的重要組成分子或原因加以組合而成為一個問題。

4. 澄清並陳述問題

將第三步中所列出來的因素按照前述四要項法將每一因素清楚地陳述成一個問題。每一個參與解決問題的人，都必須了解所陳述的問題。假如只有一個問題，界定問題的工作便到此為止。

5. 選擇一個問題陳述

假如有一些次問題，就必須用第六章中所介紹的方法來決定所需要解決的次問題或優先次序。作決定時，可以考慮以下一些標準：

資源：「是否有所需要的資源（人力、物力、財力、時間）？」

控制性：「我們是否可以控制解決問題的過程與資源？」

　　　　「我們是否是問題的主人？」

重要性：「問題解決與否是否無關緊要？」

困難性：「是否難以解決？」

時間性：「需要多久方可解決問題？」

　　　　「屆時問題是否還很重要？」

效益性：「所預期的收穫是否超過解決問題的成本？」

　茲以這些標準作成一個「問題評等表」以示選擇問題的一個方法。（見次頁）

　從表4-3的結果可知，這一位評鑑者可能認為「品質不良」是最大的問題，但是評量的結果卻發現第一個次問題：「標價太高」是應該優先解決的問題。所以用科學的方法求評鑑，往往會有意想不到的結果。假如評量的人員有五位，則每人發一張表，以五個總分的平均數另計每一次問題的總分。

　以上五個界定與選擇問題的步驟可以作成以下的流程圖以利於作業：（圖4-9）

　以上這個問題選定法雖然名曰「確認性問題的選定」，但要在第一步稍加修改，便可應用在改進性的問題上。於後者，第一步應是「寫出改進的目標」，如此，便人為地製造出現有與所應有之間的鴻溝了。

　如前所述，問題之眾，多如牛毛。各家對問題的分類，也很不一致。專家實難研究出絕對沒有問題的界定問題的方法。因此本節只從關閉性與開放性兩大類著手以述其界定的方法或

表 4-3　問題評等表

用法：列出所要決定的次問題，根據每一標準的五分量表來評量所有的問題。將

每一問題在各標準的分數加起來便為總分

（問題：為什麼本公司的某一型電腦銷路不如另一品牌的電腦？）

次問題	標價太高	品質不良	廣告不多	推銷不力
資　源 12345 少　多	3	5	3	3
控制性 12345 少　多	5	5	5	3
重要性 12345 小　大	3	5	2	2
困難性 12345 大　小	5	3	3	2
時間性 12345 長　短	5	1	4	3
效益性 12345 少　多	3	5	3	3
總分	22	19	17	13

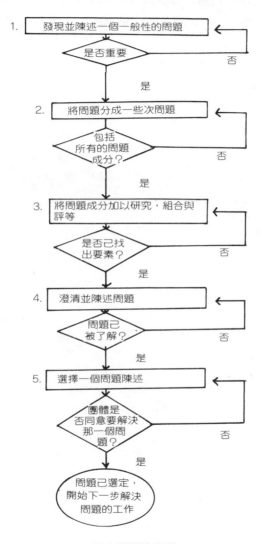

圖 4-10　選定問題流程圖

原則。運用以上恰當的方法之後，陳述問題的人必須就同一問
題多陳述數樣，以最切題或最合乎目的者作為最後界定的問題。

第五章
有系統的問題解決法

第一節　解答尋求法

　　問題有大小，解答有難易。有的問題只要用本書第二章中的方法產生一個好主意便可解決；有的問題只要用第二節中所介紹的界定問題的方法將問題界定清楚便解決了一大半。有比較難的問題，則需要抽絲剝繭，搜集資料，反覆實驗，甚至沙盤推演，方可解決。這一類的難題有兩種：一為如第三章所說的封閉性或存有性的問題，也就是有正確答案的問題。問題解決之後，所發生與所應該發生之間的鴻溝便告填平；另一為開放性的問題，它並無對的或錯的解答，容許多種的解決方案。這一類的問題解決法將於次節介紹。無論是那一類的難題，在其解決的步驟中若需要產生各種各類的主意，便應從第二章中尋取恰當的方法；若需要界定問題，則請參閱本章第二節；若需要尋因究果，獲得答案，可以用本節的解答尋求法。有很多開放性的問題，經過尋求問題與尋求解答的過程之後，尚須經

過選擇與決定的程序。有時最後所決定的方案與當初所尋求到的解答不一樣。所以下一章：解答之評鑑與選定，也可以說是解答尋求法的延續。本節的解答尋求法並不包括所有的尋求解答的方法。

一、尋因究果的問題解決法

㈠原因消除法

多數的問題都是尋因究果的問題。一般性的尋因究果法的基本步驟與一般性的問題解決法類似，只不過在實際應用時有其特殊的地方。筆者在第二與第三章以及第四章第一、二兩節分別詳細地討論了整套問題解決法中最重要的發現問題、產生主意、與界定問題等的各種方法，現在便將以前介紹過的與未介紹過的步驟綜合起來，並舉一個美國大銀行解決電話接線生問題的實例，來說明如何將整套的問題解決法用來解決尋因究果的問題。

1. 指認與選擇一個問題

有的問題解決法在這一步驟之前另有一搜集資料的步驟。有的則沒有。沒有的並不表示不必做，而是沒有單獨地把它列出來而已。這個問題解決法便是如此。該銀行在此之前，曾經做過顧客問卷調查。其結果發現有很多顧客抱怨電話鈴響了六下以上都沒有人接。由於給顧客第一個印象非常重要，該銀行的問題解決小組便決定去解決以下兩個互相關聯的問題：

• 延誤接答打進來的電話

• 沒有必要地從一個分機接轉到另一分機

2. 分析問題（原因）

問題解決小組先討論目前的電話接聽系統，然後用腦力激盪法列出延誤接答打進來的電話的原因。他們用以下這種因果分析圖來顯示因果關係：

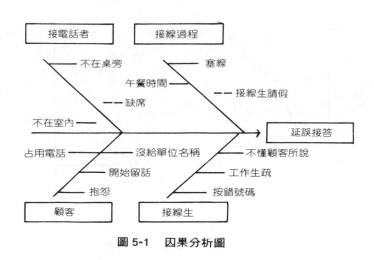

圖 5-1　　因果分析圖

3. 搜集與分析資料

由於接線生沒有資料以便判斷主因，他們擬定了一個架構來搜集與分析資料。架構中的原因項目是：

　　(1)每一轉接機原有兩個接線生，但只有一人在

　　(2)接話人不在

　　(3)該單位沒人按電話

　　(4)顧客沒給接話單位的名稱

　　(5)其他

　　接線生用兩周的時間就以上項目來記錄原因的次數。這種資料用主因分析法分析之後顯示幾乎有一半的延誤是因其中有一個接線生不在工作。

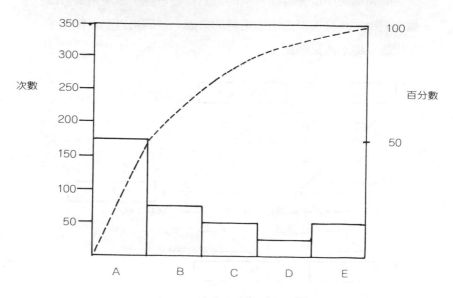

圖 5-2　　電話接線延誤原因之次數

4. 產生可能的解決方案

　　這個階段須做工作的多寡將視問題的具體性與可能原因的確定性而定。以「電燈不亮」而言，問題具體，可能的原因又很明確，因此其解決的方案便很簡單。以前述的員工士氣的問題而言，問題抽象，可能的原因又很模糊，這一類的問題非但不是一人之力所可解決，而且需要用以下的一種或多種方法來產生可能的解決方案：

　　●將以前所作資料分析的結果重溫一遍。此舉或可得到一

點靈感，用新的觀點來看問題，但至少也可以對問題獲得一個整體的認識。

- 用腦力激盪法來產生各種可能的解決方案。不要以得到好主意為喜，因為可能會有更好的。所以用此法時，務必一而再，再而三，使參與者搜盡枯腸而後已。

- 檢驗所產生的各種解決方案。將有價值的主意加以界定改善；若有相似或不易分開的主意，便予以組合。

- 再多產生一些可能的解決方案。有時可以從過去解決類似問題的經驗中得到良好的主意；有時亦可請教他人，尤其是專家，提供解決之道。

茲以電話接線延誤的問題為例，解決問題小組用腦力激盪法就最大的原因而想出一些解決方法。最後選出三種：

- 在每一個電話站，都經常有兩位接線生。

- 若有員工必須離開辦公室，就必須留話給接線生。

- 編輯一本機關人名錄，記載員工的職位與電話號碼。

再以第四章第一節所述的員工士氣的問題為例，針對有礙士氣各因素的可能的解決主意為：

有礙士氣的主因	解決方法－減輕，消除，或化成祥瑞
所談妥的目標並沒完成而且並不是所有的單位都在做。	● 高一層的主管將所談妥的目標用公文正式化。 ● 基層工作單位的代表爲該單位建立業績標準。 ● 訂定完工的日期。
基層單位的主管對服務人員賞罰不一，失去信用。	● 與服務人員共同建立目標或所期望的活動。 ● 訓練基層單位的主管解紛排難的技術。 ● 跟蹤工作會所作的回饋與指導。
沒有指明不良業績的所在	● 高一層的主管必須查核初步的評鑑報告並將不及格的業績告知有關下屬。

缺少員工參與	●基層的主管與員工開圓桌座談會。研究出一些增加員工參與的方法。

5.計畫如何執行解決方案

這一個步驟本來可以由另一單位為之。但在這一機關，也由解決問題小組代勞。他們對每一解決方案所擬的執行方案為：

- 為確保在每一個電話站，都經常有兩位接線生，小組建議全行的午餐的輪流交替時間從兩段增為三段。因此，當一個接線生出去用餐時總會找到一個職員來接替。
- 在員工會議時，商請大家合作，請員工離開辦公室時，務必留話給接線生。並在每一辦公室張貼佈告。
- 由小組人員編輯一本機關人名錄，記載員工的職位與電話號碼。其編排方式務必便於接線生查號。

6. 執行解決方案

小組的計畫呈給有關主管通過再交給全機關執行。

7. 評鑑解決方案

兩月之後，小組用兩周的時間就以上的五個項目再來記錄原因的次數，並再用主因分析法分析各項目的次數，其結果（見圖 5-3）顯示讓顧客久候的延誤電話的總數，已大為減少。因此，這一電話延誤的問題已告解決。

㈡劣績症候消除法

有需要就是有問題；有問題就是有需要。需要補足之後，

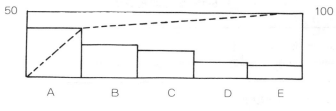

圖 5-3　　電話接線延誤原因之次數
（ 執行解決方案之後 ）

問題就沒有了。這一種的看法對於業績（ performance ）與學習之
類的問題可以適用。問題在於如何知道有所需要。教育技術專
家艾捨弗（ Esseff ）夫婦便設計一套「需要分析」法來幫助人發
現學習或訓練上的缺陷，分析可能的原因，以及各種解決問題
的主意。其步驟有十：

1.指認業績上的問題

業績上的問題是現有的業（成）績與所期望的業績尚有一
段距離。當事人需要搜集以下一些與問題有關的資料：問題的
重要性，問題的後果，以及問題發生的次數等。表 5–1 便是
用來搜集這一方面的資料。其中所舉的例子是發生在美國的一
個工廠中。問題的分析工作是由一個小組來執行。

這一個問題：「數位見習生在第一學期沒有達到一些主要
課程目標」，相當嚴重，因為屆時他們不能正式工作，而且還
須為他們重新開班，使工廠遭受金錢的損失，所以必須發現不
能達到所預期目的的原因，以謀補救之道。

2.列出業績問題的症候（ symptoms ）

症候是可以看得見的問題外徵。只要有問題，就可以看到

表 5-1　業績問題認定表

1. 業績問題： 　　舉例：數位見習生在第一學期沒有達到一些主要課程目標
2. 這個問題發生的次數： 　　☐每日　　　　☐每週　　　　☐每月 　　☐每季　　　　☐每年　　　　☐其他 ＿＿＿＿＿
3. 這個問題有多嚴重？ 　　☐很嚴重　　　☐不嚴重
4. 這個問題後果是： 　　☐財產損失　　☐金錢損失　　☐身體傷害
5. 這個問題發生在： 　　☐工地　　　　☐工廠各處　　☐整個公司 　　☐整個單位　　　小單位　　　☐其他＿＿＿＿＿

那症候。小組人員可以個別應用表 5-2 將症候列出，然後經過討論後將問題症候初步定為：

* 學生抱怨每節課所教的教材太多，一時消化不了；
* 學生抱怨在教室裡聽不見教師所講的內容；
* 學生在考試時，犯上計算上的錯誤；
* 學生在臨時小考的成績很差。

以上所列出來的症候，有的是問題的症候（最後兩則），有的卻也是可能的原因，但都不夠精確。因此就必須搜集每一症候的詳細資料以便進一步地界定問題的症候。所搜集的資料可

以包括：

- 症候發生的次數；

- 症候存在的時間有多久；

- 在一段時期中增加或減少的百分比；

- 改進症候的目標等。

這種工作可以分別由小組人員擔任。小組人員根據新的資料而將問題的症候界定為：

- 百分之三十五的學生在上學期，百分之五十的學生在本學期抱怨每節課所教的教材太多。兩學期之間增加了百分之十五。我們的目的是要將抱怨減少到百分之十以下；

- 百分之三的學生在上學期，百分之二的學生在本學期抱怨在教室裡聽不見教師所講的內容，減少了百分之一。必須全體學生都能聽見；

- 百分之四十的學生在上學期，百分之四十五的學生在本學期考試時犯了計算上的錯誤，增加了百分之五。必須將錯誤減少到百分之五以下；

- 百分之四十三的學生在上學期，百分之三十三的學生在本學期臨時小考的成績很差。雖然減少了百分之十，還必須再減以使成績差者不超過百分之五。

3.將各種業績問題的症候歸咎於缺少訓練

屬於成績的問題，缺少訓練總是發生症候的一大原因。因此這一步驟便在使小組就每一症候而查核是否缺少訓練即為其原因。其結果可以記載在表 5-2 中。

表 5-2　症候分析表

1. 業績問題：數位見習生在第一學期沒有達到一些主要課程目標

2. 症候	3. 原因 缺少訓練	4. 環境資源
學生抱怨每節課所教的教材太多。兩學期之間增加了百分之十五	是	是
抱怨聽不見教師所講的內容，減少**百分之一**	不是	是
計算錯誤，增加了百分之五	是	
小考的成績很差	是	

4. 假如缺少訓練是症候的原因，便在訓練上尋找每一症候的解決之道。

　　問小組人員應該在訓練上作何改變方可達到改變症狀的目的。假如必須發展一個新的訓練課程，則可以應用圖 5-4 所示的課程設計步驟來達到目的。

　　(1)設計。設計一個新的訓練課程，必須先用工作分析法（task analysis）來分析從開始到完成教學目標的步驟。例如要發展一個使用袖珍計算機的課程，就可以先將計算分成加減乘除與平方根等數個邏輯單元，然後就每一單元另作更精細的工作分析。以除法來說，其程序便為：輸入被除數，鍵入除數記號，輸入除數，鍵入符號。

　　第二步是決定需要那一種行為或技能方可完成工作的行為分析。例如運用計算機的技能是必須能用指頭按一個鍵，因為

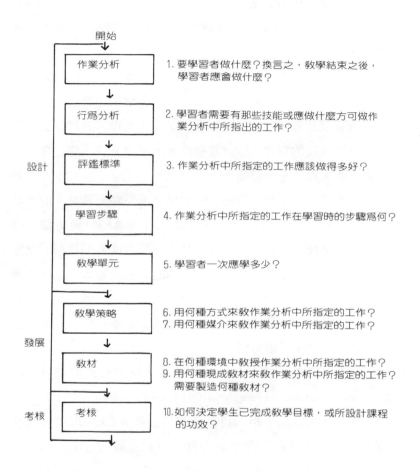

圖 5-4 課程設計流程圖

有些人經常會按兩個鍵。

　　評鑑標準是設定學習者最低的成就。例如：在數學測驗中，使用計算機的錯誤不得超過二次。

　　學習步驟是指學習某一教材單元時，應如何從簡到繁，按步就班地學習。例如先學加，後學減，再學乘除等。

　　課程設計最後一個步驟：教學單元，是指將教材分成數個可以分別教授的單元。以計算機而言，可以分成各鍵之功用、加減、乘、除，平方與開平方名單元。

　　　(2)發展。在發展方面，它包括教學策略與教材。前者是指達到教學目標所用的媒介品（*視聽教材*）與方法；後者便是教科書、講義、實物、標本或其他材料。以教授計算機而言，教師可以用計算機為教本，以聽做合一為方法使學習者隨聽隨做。

　　　(3)考核。這是決定學生是否已達到教學目標。通常都是用測驗予以考核。

　　5. 假如缺少訓練不是症候的原因，便在資源環境與系統（resource environment and systems）上尋找每一症候的可能原因。

　　此時，可以問小組人員再就症候分析表（*表5-2*）中查閱所列的症狀，以視缺乏資源是否會是導致症狀的可能原因。表5-3 的需要分析調查表：環境資源的五項可能原因中列有屬於資源環境與系統的詳細項目。小組人員可以個別地填好該表後，逐項討論，以期獲得共識。

　　6. 在資源環境與系統上指出對每一症候的解決之道

　　問小組人員應該在資源環境與系統上作什麼改變方可達到

表 5-3　需要分析調查表：環境資源的五項可能原因

業績問題：數位見習生在第一學期沒有達到一些主要課程目標

症　　候：1. 學生抱怨每節課所教的教材太多。兩學期之間增加了百分之十五。

　　　　　2. 抱怨聽不見教師所講的內容。

　　　　　3. 計算錯誤，增加了百分之五。

　　　　　4. 小考的成績很差。

□ 1 設備資源	□ 2 內在環境	□ 3 外在環境	□ 4 獎勵制度	□ 5 組織系統
□設備	□燈光	□交通	□不計業績 　統統有獎	□訊息交流 　□公文 　□信件
□技術變更 □過時 □老化 □其他	□氣溫調節 □空氣調節	□運輸 □氣候	□懲罰能者	□其他 □人事需求 　□政策/程序
□工具	□雜音 □污染	□家庭 健康	□沒有獎勵 　業績最佳者	□責任分明 　□人手充足 　□其他
□設計 □再用 □其他	□安全可慮 □其他	□其他	□其他	□財務需求 　□預算 　□其他 □其他
□文具 　□數量 　□其他				
□材料 □其他				

改變症狀的目的。各人可以先將主意填在表 5-4 上。填時暫不計較其可行性。這一點可在小組作最後決定時予以討論。

表 5-4　需要分析調查表：環境資源的可能原因與解決之道

業績問題：數位見習生在第一學期沒有達到一些主要課程目標	
症候	原因
1. 學生抱怨每節課所教的教材太多。兩學期之間增加了**百分之十五**。	＊學生入學程度太差。 ＊教材的確太多。
2. 抱怨聽不見教師所講的內容。	＊冷氣機聲音太大。
3. 計算錯誤，增加了百分之五。	＊計算能力不夠。
4. 小考的成績很差。	＊沒有使用計算機。
	＊平時不用功。
解決方案	
1. 減少單位教材的分量。	2. 將整個課程分成兩課。
3. 使每位學生學用計算機。	4. 換一遠離冷氣機的教室。
5.	6.

7. 驗證症候，原因，與擬定的解決方案。

小組人員分工合作，用調查，觀察，個別談話或親身體驗等方式來驗證症候，原因，與擬定的解決方案。各人將驗證結果向小組報告。

8. 預估每一個解決方案的費用與效益

由小組人員分別用表 5-5 來作業。茲舉例如后。

9. 選擇最佳的配合解決方案

表 5-5　**非訓練的解決方案預估表**

業績問題：數位見習生在第一學期沒有達到一些主要課程目標
症候：計算錯誤，增加了百分之五。
原因：計算能力不夠；沒有使用計算機。
解決方案：使每位學生學習應用計算機。
費用：計算機由學生自購
教授費＝＄100
總共＝＄100.00
價值：（亦即減少症候的費用）
約有 12 人計算錯誤。每人學費每學期 $250。
總共＝＄3000.00
效益：（價值－費用）　　　　　　　　　　　　　　＄2900.00

　　應用表 5-5 中所預估的效益只是一個例子，它只能提供一個大概的概念。有的因素是很難包括進去的。有的時候會有一個主因，當主因獲得解決，其他的症候便不會發生。有的時候，須將最主要的內因與外因一齊消除。就上例而言，可以將平常不用功常做內在的主因；教材太多為外在的主因。就此兩因，雙管齊下，以謀解決之道。

10.執行解決方案

　　複雜的解決方案需要依靠有關各單位的人員共同執行。有關的人員大致可分為四方面：

　　　(1)主要的執行者，對結果負責的人。

　　　(2)決策的首腦，批准執行計畫，有權給予獎懲。

　　　(3)配合人員；包括參與執行與諮商人員。

　　　(4)共知人員：有的人員不必參與，但需要知道有這麼一

回事。

實際執行時，尚須另行擬定一個工作分析圖與進程表。關於執行方面，請另外參閱第六章決策法。

二、解決已界定清楚的問題

從事數理工商醫學之類的工作人員與學生經常接觸到計算與診斷性的問題，這一類的問題，往往需要尋求正確的答案。有的時候答案只有一種，但是解決問題的方法則有數種。本節茲介紹兩種，至於為多數人所用的嘗試與錯誤的方法，因其因人因問題而異，不予介紹。但是用嘗試與錯誤法的人，於得到解答之後，回想起得到答案的過程，總是會分析出類似以下各種問題解決法的步驟。

㈠尋求正確答案的方法

如上所述，問題雖然有開放式與封閉式兩種，但是一切問題經最後界定之後，都要變成封閉式的問題，進一步以產生所預定的新產品或對的解答。所以無論是那一類的問題，最後都要有一些步驟以謀解決之道。

在威斯康辛大學的認知心理學家克勞斯邁爾（Klausmeier, 1985, pp. 328-331）曾經於研究各家的問題解決法之後綜合成一個一般性的尋求正確答案的方法，然後用這個方法再加以試驗修改，而成為以下六個步驟：

1. 分析問題。
2. 回憶或者擬定一個解決問題的方案。

3. 回憶以前的訊息，或者獲取新的訊息。

4. 產生解答。

5. 驗證解決問題的過程與解答。

6. 獲取回饋與協助。

這些步驟可以作為一般的原則，應用應視實際的問題加以修改或省略。原來所闡述的步驟是為教學的情境而寫，筆者將之增改以包括非教學的情境。所以以下每一步驟的解釋與詳細的方法已與原來的解釋相去甚遠了。

1. 分析問題。假如是開放性的問題，此時最後的問題已經界定清楚；假如是封閉式的問題，尤其是課程的作業，正確的問題已經擺在眼前。這個時候，解決問題的人就必須確定已知的事實。若屬課程作業性的問題，則已知的訊息都包括在問題之中。除此之外，也必須知道所要解答的是什麼東西，以便勾畫出從已知到答案之道。

2. 回憶或者擬定一個解決問題的方案。本章所介紹的解決問題的步驟都是一個原則或大步驟，實際解決問題時，每一步驟都有其因問題而異的詳細的方法。解決代數問題有解決代數問題的方法，解決幾可問題有解決幾何問題的方法。這些技術性的方法便須依靠當事人的專業知識與智慧了。

當事人可就自己的專業知識，過去或他人解決類似問題的經驗而擬定合乎邏輯的步驟，一步步有條理地地從起點邁向終點。這是循序漸進法。但有的時候，可以用倒算法，先確定目標，再倒回來設想最後第一步應做什麼，最後第二步應是什麼等等。例如呂不韋要將在韓國當人質的秦國公子異人扶為秦

王。他可以擬定一個循序漸進法，也可以用一問一答式的倒算法，先：

問：應如何使之登上王位？

答：必先立為王儲。

問：應如何使之成為王儲？

答：必須雙管齊下：使秦王廢除現有的儲君而另立異人為太子。

問：應如何使秦王廢除現有的儲君而另立異人為太子？

答：……

如此這般推問下去，便可以擬定詳細的施行細則了。無論是循序漸進法或倒算法，這種做法雖然不見得會包括所有應有的步驟，但應可減少嘗試與錯誤的不便。

3.回憶或應用與問題有關的訊息，或者獲取新的訊息。解決問題所須要的訊息有三種：事實(知識)，概念與原則。這些訊息並不包括在問題中，但卻需要加以應用並解決問題。例如要解決一個幾何的問題，學生必須知道與問題有關的公式(亦即原則)，有的時候還需要知道一英呎等於十二吋之類的知識。再如呂不韋之「奇貨可居」的例子，當他執行第二步之前與之後時，會發現需要很多秦王左右親近人物的資料，誰最受寵愛，受寵愛的人喜歡什麼珠寶等。這些資訊若能在第二步「擬定一個解決問題的方案」之前得到，必定會使嘗試與錯誤的次數大為減少。

4.產生解答。在第二步與第三步之間來回運作，有時需要根據第三步的運作而修改第二步中的施行細則，以便產生解

答。

　5. 驗證解決問題的過程與解答。解答產生之後，當事人往往知道該解答是對的。有時甚至在執行第二與三步之中，就會感覺到解答垂手可得。這個步驟在教學的情境中，學生可以將答案與書後所印出的標準答案驗證。若不能產生應有的解答，則必須重複第二與三步，甚至必須從第一步做起。

　6. 獲取回饋與協助。這一步並非必要。若有必要，則必須請教專家或高明人士。否則另用別的解決問題的方法。

　由上可知道這個問題解決法以及其他方法的步驟次序，應視個別情形加以變動，甚至自行加減一、兩個步驟。創造力也可以應用在創造力（解決問題的方法）上。

(二)解決數學問題自問法

　早期的解決問題專家波亞（Polya, 1945）曾經為解決數學問題而設計一套從了解問題到解決的自問法。其步驟為：

　1. 了解問題

　2. 擬定計畫

　3. 執行計畫

　4. 證驗解答

以下茲列出各步驗的問題。

　1. 了解問題

　什麼是應知而未知？資料是什麼？有那一條件？是否有可能去滿足該條件？該條件是否可以決定所未知？該條件是否充足？是否多餘或有矛盾？畫一個圖。應用適當的符號。將條件

中的各部分開。你是否可以將各部分寫下來？

2. 擬定計畫

是否見過這個問題？是否見過同一個問題但卻有些微的差異？是否見過相關的問題？是否知道一個有用的原則或公式？注意所未知的因素。想一想一個具有同樣或類似未知數的所熟悉的問題。

假如書中有一個或你知道一個相關的問題得到解決，則問以下一些問題：是否可以借鑑？是否可以用其方法或解答？是否可以加些有助的要件以使其可用以解決這個問題？是否可以將問題予以重寫？是否可以再將這個問題重寫成別的樣子？有何定義必須了解？

假如不能解決該問題，則可先解決某種相關的問題。你是否可以想出一個相關的問題？或一個一般性的問題？或一個特殊的問題？或一個類似的問題？是否可以解決一部分的問題？假如保留一部分條件，而丟棄其他，則所未知的是否有所變動？

是否可以從資料中獲得一些有用的資料？是否可以想出其他資料以決定所未知？假如有需要，是否可以將未知或（與）資料予以改變以使新資料與新的未知更為接近？是否用了所有的資料？是否用了整個的條件？是否將所有要素都考慮到？

3. 執行計畫

是否已有執行計畫（或解決問題）的步驟？是否每一步驟都正確？是否可以證明？

4. 證驗解答

是否可以證驗？前提或論證是否有誤？是否用他法也可以得到同樣的結果？是否可用同樣的方法以解決其他的問題？

以上一系列的問題並非全部都該用，有的問題對某種問題可能用不上。而讀者或教師也可以自行加上一些有用的問題。

第二節　特殊問題解決法

一、衝突問題解決法

衝突是人際關係的正常現象，是不可避免的事。在民主的時代，人人都有主意，很少有人服輸。因此，人與人之間的衝突比較公開化，而不似專制時代，以一人之意來解決問題。雖然輸者心有未甘，也不形之於色。但這並不表示沒有衝突。沒有公開的衝突有時會導致更大的衝突，到了積鬱難忍的時候，便會一發不可收拾。所以衝突應及早排解。

㈠衝突問題的定義與範圍

我們若以問題為現有與應有之間的鴻溝，則衝突即為人與人間所應調解的知、情、或意間的裂痕。這個定義有三個要項必須解釋：

人與人間：包括主管與部屬、同事與同事、機關與機關、父母與子女、賣者與買者、國與國、師生、夫妻等。

知、情、意：知就是認知與用以溝通的語言，尤其是對所用方法的相左，是人與人間認知衝突的最大來源。情即為感情

與價值觀念，意則為意願或目標，尤指利益而言。不過此三者往往交互影響，互為因果。我們可以以知駕情，以情御意。知與情固然會影響意，但是意對知與情影響更烈。由於強烈意願的影響，人們可以視而不見，聽而不聞。所以佛家與道家皆以無欲為解決衝突之基本之道。

　　裂痕：此處不用鴻溝而用裂痕一詞，因為多數的知情意的差異並不構成問題，有時反而為美。只有當不當有的差異成為裂痕，而對當事者有負的影響時，便成為問題。

(二)解決衝突問題的原則

　　像一般的問題一樣，簡單的衝突問題只要應用一個主意便可解決，複雜的衝突則需要用一套解決問題的步驟方可解決。以下所介紹的解決衝突問題的原則，有些是應用方法時所須遵守的，有些其本身便是立即可用的解決小的衝突問題的方法。

1. 解決衝突的目標在於平等互利，皆大歡喜。最少也要兩皆不輸。
2. 解決衝突是一個理智的過程。避免以情害意，以意御知。盡量使知情意獨立而不互相干涉。
3. 同等看待對方的異見，而不將自己的價值觀強加於異見之上。
4. 對事不對人，討論主意或目的，而不涉及人格。
5. 各方都應將彼此的立場與目的用具體而簡明的文字陳述出來，以使各方都可充分了解彼此的立場與目的。
6. 勿以抱怨訴苦的方式來溝通，將目的開門見出地直接說

出。

7. 將應堅持的與可以妥協的項目列出。一般來說，原則不
　可退讓，其他可以商量。

8. 談判之前，必須將資料收集齊全。

9. 列出各種變通的主意以便找出各方都可同意的案。

10. 不要在主觀的解釋上打轉，或將自己的解釋強加在他人
　的陳述上，然後引起他人隨後的發言落於自己的圈套
　中。這種的討論空目浪費時間，不會使人改變主意。

11. 別以情緒對付情緒，落於漫罵或情緒戰的圈套。以此做
　法，則拙於言詞的一方一定會輸，無理或被認為弱者的
　一方一定會贏。

12. 假如你是第三或仲裁者，則必須遵守以下數原則：

　(1)堅守中立，不救任何人，也不替任何人說話。

　(2)訴諸理性，避免感情用事。

　(3)使討論或談判集中在問題上，不牽涉到人身上。

　(4)用描述式說話，不作判斷或忠告。

　(5)必須有充分的訊息，以了解問題。

　(6)若你是第三者，而問題有許多部分，只參與和你有關
　　的部分。

㈢解決衝突問題的方法

　人的相處，只要有利害關係，必定有衝突。聰明的人會因
其與對方的關係，並根據自己可用的權力與資源而採用恰當的
策略。在權力與資源都不成問題的情況下，則所用的進退折衝

的策略，應視以下各方的關係與達到目標的意願而定：

關係	意願	策略
(1)疏	高	堅持，高姿態，使用權力
(2)疏	低	忽視，否認，退讓
(3)平平	平平	談判，妥協
(4)高	低	壓抑，遷就，避免
(5)高	高	統整，綜合

在另一方面，有衝突便是有壓力，在心理學上所通用的解決心理壓力的方法，也可以用來解決衝突的問題：

策略	舉例
(1)退縮／否認	「我不參選」或「下次不敢了。」
(2)逃避／退忍	「算了，別談罷。」
(3)妥協／談判	「假如妳依我，我就……。」
(4)第三者干預	「聽爸爸怎麼說」或「讓老大決定吧。」
(5)一決勝負	「不管你們怎麼說，我是做定了。」
（控制式）	
(6)解決問題	「我們大家來想想看是否有別的良策。」
（整合式）	

專門為人排難解紛的顧問公司都是用問題解決法來解決衝突的問題。其步驟有五：

1. 讓各方盡說己見，發洩情緒。
2. 讓各方用具體而簡潔的語言來陳述所要達到的目的。有時私自留下底線，以作退一步之用。
3. 將差異的所在作成問題陳述。
4. 用以前各章所介紹的恰當的方法，如產生主意法，問題

解決法來消除差異。

5. 堅守互利的原則以選擇解決方案。

6. 決定之後，義無反顧。

二、新產品設計法

這裡所謂的新產品包括第一章中所說的改進性與發明性的產品。它可大可小：小則如發明迴紋針，大則如發明太空船，都可用本節所介紹的新產品設計法。新產品設計成之後，如何去完成所設計的新產品，那便是技術的問題，不屬本書的討論範圍。

㈠一些可用的方法

新產品設計的本身是一種問題，因此也可以用問題解決法來解決，不過各階段的次序與任務必須加以修改以適應設計新產品的需要。在眾多的問題解決法中，以下各種都可以略加修改以解決新產品設計的問題。括弧中的文字為筆者所加。

1. 法羅（Fallow）之價值分析法

　(1)準備階段（收集技術與市場的資料）。

　(2)求知階段（了解所有與所未有）。

　(3)評價階段（研判其可行性）。

　(4)創造階段。

　(5)選擇階段。

　(6)實行階段。

　（按：可在評價階段之前加一問題界定階段）。

2. 羅斯門（Rossman）

(1)需要發生或者已經感到困難（認為有產生新產品的需要）。

(2)界定問題（決定所要製造的新產品）。

(3)收集資料（收集技術與市場的資料以研判其可行性）。

(4)考慮各種可能的解答。

(5)驗證各種可能的解答。

(6)形成各種新觀念。

(7)驗證各種新觀念。

3. 奇異電力公司的方法

(1)認識問題（收集技術與問題的資料）。

(2)問題界定（確定改進發明的目標）。

(3)尋求各種方法（或技術）。

(4)評鑑各種方法（的可行性）。

(5)選擇一個方法。

(6)初步的解答或設計。

(7)解釋結果。

(8)詳細的解答或設計。

（按：對於解決方法或技術的問題很有用）。

4. 美國軍隊所用的方法

(1)發掘問題。

(2)研究問題，收集資料與事實（收集技術與市場的資料）。

(3)分類，分析，以及界定問題。

(4)產生主意。

(5)選擇主意。

(6)擬定行動計畫。

(7)驗證主意。

(8)擬定改革計畫，並使人樂意使用。

(9)做協調工作，獲取了解與接受新主意。

（按：對於設計新的制度或改進行政的問題很有用）。

5. 創造的問題解決法（Isaksen & Parnes, 1985）

　(1)確定目標（Objective-Finding）

　(2)尋找資料（Data or Fact-Finding）

　(3)發現問題（Problem-Finding）

　(4)尋求主意（Inda-Finding）

　(5)尋求解答（Solution-Finding）

　(6)接受主意（解答）（Acceptance-Finding）

㈡新產品設計法

　在以上各種方法中，以艾薩克森與潘恩的創造性的問題解決法最為完備，對產生新產品最為有用。但筆者另發現由蔣森（Jansson, 1978）所設計的「發明過程」則是專為新產品所設計，其步驟為：

1. 技術知識（Technology Observation）

2. 需求分析（Need Analysis）

3. 要素認定（Parameter Identification）

4. 創造綜合（Creative Synthesis）

5. 測試要素（原為實現計畫 Realization）

茲分述如下：

1.技術知識

蔣森原來的「發明過程」並沒有「發現問題」這一步驟。我們可以把這一步驟包括在這裡。這階段可以包括羅斯門（Rossman）的第一步驟：需要發生或者已經感到困難。在日常的生活或工作之中，感到困難之後，認為有解除困難的需要。由於蔣森所要顯示的是解決發明技術的問題，因此在感到技術上的困難之後，就必須充實該項技術的基本知識，以便知道什麼技術已經具備，那種技術有待發展等。有待發展的技術，便是有待解決的問題。

舉例：用刈草機刈草，太麻煩了。這便是困難的所在。若要發明一種自動刈草機，就必須有足夠的技術知識，例如裝在刈草機中所用小電腦的硬體與軟體等。

筆者按：在這一步驟之前（或之後），從事創造的人可以自行用腦力激盪法問一些與確定目標有關的問題。例如列出一些所要解決的技術問題，所要改進的東西，所要完成的目標等。

舉例：發明一種不會長高到某一高度的草。

應用人工做的假草。

發明一種機器人來刈草。

發明一種自動刈草機。

最後，經過技術上的衡量之後，選擇一個在技術上可行的，能解決困難的、最富挑戰性的，或自己最喜歡的目標。

舉例：經過技術上的衡量之後認為前兩種在技術上尚有困難，只有最後一種比較可行，因此決定去發明一種自動刈草機。

2.需求分析

發明的目標確定之後，就必須分析新產品所應有的規格或所應具備的要素。我們可以用第四章第一節所介紹的架構套用法來擬定一些類目以作分析。就刈草機而言，其所應包括的特徵有：功能、價值（價錢，或費用與功能是否相稱）、大小，與安全。除此之外，還需調查市場之範圍與要求。也可以根據市場之要求而決定所應有的特徵。

舉例：經調查市場之範圍與要求之後發現高爾夫球場用得到這種自動刈草機。因此，第一代的自動刈草機便以適用於高爾夫球場為目標。所需考慮之點為：

在功能、大小，與安全方面的考慮：

(1)無障礙部分的面積。

(2)草地的面積。

(3)刈草的時間。

(4)刈草之前與之後的草長。

(5)草地的特殊規格。

(6)不規則的形狀、邊區、障礙等危險物。

(7)所刈下來的廢草是否要收起來。

(8)所產生廢草的數量。

(9)通路（水泥路，小橋等）。

(10)草地所能負載的重量。

(11)機器行走的速度與停頓的時間。

(12)草地上人、獸的安全。

在價值方面的考慮：

(1)由新產品所取代的工時或人數。

(2)由新產品所取代的刈草機的原價。

(3)新產品成就的價值。

(4)所節省的金錢。

(5)買主所付的費用與利息。

在市場方面的考慮：

(1)新產品會占有的市場。

(2)有無競爭對手。

(3)心理因素，例如工人對自動刈草機可能有的惡感。

3. 產品要素認定

知道要產生那一種產品之後，下一個步驟就需要指出該產品所應有的最重要的功能或特點。在這一階段所指出的產品應具的最重要的功能會影響問題的認定與解答（產品的樣式與功能）。

舉例：自動刈草機最主要的問題：

(1)導航：它必須知道往那裡走。

(2)正確：只做所應做之事。

(3)收草：假如需要將所刈下的草收起來，就必須知道去做。

以上三項都是有待解決的問題。

舉例：自動刈草機次要的問題（技術上已無問題）：

(1)刈草。

(2)發動，刹車，轉動。

(3)能適應各種草坡。

(4)解決其他設計的問題。

4. 創造綜合

這個是產生主意以解決問題的階段。第三章中所介紹的各種方法都可用來產生解決上述自動刈草機最主要的問題。

舉例：茲以導航問題為例，從腦力激盪法所產生的主意中，選出三個較佳的主意：

(1)應用飛彈尋找目標的技術，將球場地圖輸入電腦，作為導航之用。

(2)在草地四周或自動刈草機經過之處埋下電子感應帶以引導自動刈草機的路線。

(3)用雷達，微波或光束。

5. 測試主要的主意

原來的步驟稱為「實現計畫」，其實是選定以上的一個主要的主意先加以測試，以視是否可行，而不是執行整個的發明計畫。例如在上述的三個主意中，以第二項在目前的技術狀況下最為經濟可行，因此便可以先行測試這個主意。若其成功，便全盤設計新的刈草機。

這個例子寫完後不久就見〈美洲世界日報〉報導，有一在丹麥的工廠已製成一種利用電子感應帶的自動刈草機。日本則正在應用模糊數學原理來設計可以遙感的自動刈草機。

(三)創造性的問題解決法在產生新產品的應用

本書在自序與其他各地方都曾提起著名的「創造性的問題解決法」。以下便以刈草機為例以解釋其應用之道。

1.確定目標

這階段可以包括羅斯門（Rossman）的第一步驟：需求發生或者已經感到困難，在日常的生活或工作之中，感到困難之後，認為有產生新產品的需求。

舉例：用刈草機刈草，太麻煩了。

(1)分殊：在這一步驟，從事創造的人可以自行用分殊思考（又稱放射思考），問一些與確定目標有關的問題。例如列出一些須要解決的技術問題，須要改進的東西，須要完成的目標等。

舉例：發明一種不會長高到某一高度的草。

應用人工做的假草。

發明一種機器人來刈草。

發明一種自動刈草機。

(2)匯合：選擇一個能解決困難的、最好的、最富挑戰性的，或自己最喜歡的目標。

舉例：確定目標：發明一種自動刈草機。

2.尋找資料

這階段包括資料的收集與分析。若是問題尚未找到，則所蒐集的，便是與發現問題有關的資料，以供給下一階段界定問題之用。若是問題已經找到，這階段便可放在尋找主意階段（第四）後以收集與主意或假設有關的資料。

(1)分殊：列（或查）出與問題、主意或目標有關的資料（自己或他人的主意或靈感也可算做資料），從事科技實驗的則是從實驗中，獲取實驗結果的材料。筆者認為有時接

觸（並不是收集）間接有關的資料，比得到直接有關的資料對創造發明更為重要。從事科學創造的人，可以從藝術中獲取靈感；從事藝術的人，可以從鳥飛、獸奔之中觸類旁通。接觸間接資料的結果，可以使頭腦已經有了準備的人，增加舊訊息與新訊息之間組合的可能性。因此個體訊息運作的伸縮性便會增加。與間接資料接觸的結果，可能會使當事者改變原來的目標或問題。例如有一發明小組，原先的使命是要發明一種新的開罐機，小組人員便討論「開」這一大的觀念。有人戲弄地說開的最好辦法便是不必去開。這觀點刺激了與會人員的想像力。最後交換觀點的結果便發明了不用開罐頭機的新的罐頭，如今日之飲料罐頭便是。

舉例：就刈草機而言，所收集的資料包括現有的技術，如裝在刈草機中所用小電腦的硬體與軟體等，以及市場調查的結果。

(2)分析：筆者認為在分殊與匯合兩步驟之間，可以加入資料的分析一項以分析所收集的資料。

舉例：可以用第四章第一節所介紹的架構套用法來擬定一些類目以作分析。就刈草機而言，所應收集與分析的資料包括：功能、價值（價錢，或費用與功能是否相稱）、大小、安全、與市場之範圍與要求。

(3)匯合：資料經過分析之後，便可選擇與問題或目的最相關的資料。

舉例：將所搜集的資料分類。

3. 發現問題（Problem – Finding）

這階段可作為兩種解釋：一為問題尚未發現，則可於這一階段去發現問題的所在；另一為問題已經包含在第一階段所定的目標之中。在後一種情形之下，所謂發現問題，便如下列所示。

(1)分殊：盡量列舉達成目標所可能發生的問題與挑戰，從最有關的資料中列出問題，考慮各種不同的觀點與方法，所牽涉到的問題。當事人可以自問；我們可以用什麼方法（In what way may I，簡稱為 IWWMI）來……

舉例：

我可以用什麼方法以使員工更富創造性？我可以用什麼方法促使學生欣賞國劇？

我在達到目標方面，會遭到那些困難並用那些方法來克服各種困難？

為了要能盡量發現問題，我們可以將大問題分成一些小問題（例如構造、功能、程序等），而每一小問題也可用上述之（IWWMI）來列出更多的問題。

(2)匯合：經過分殊過程後，選擇在當時看起來最具挑戰性，最具可能性，最有價值或最容易辦到的問題。最後界定問題時，必須用恰當的動詞、名詞或形容詞直指困難的所在。要是說：電燈壞了，這便不夠精確。要是說電燈泡壞了，這個問題就幾乎得到解決。所以「問題說得對，便是成功的一半」。

4. 尋求主意（Idea－Finding）

(1)分殊：現在就可用個人或團體腦力激盪法，以產生與
目標或解決問題有關的主意或方法。腦力激盪法中所
用的放大縮小、重組等技術也可在此運用。奧斯本曾
經設計出一些問題以幫助分析：

①為什麼（Why）；這一問題主要在於確定因果關係。

②為什麼……如此（Why－so）？

③如果是這樣，什麼將會發生（What－if）？

④這是僅次於什麼？

⑤這一物品與什麼相配？

⑥在這以前或以後有什麼事件發生？

⑦這是比什麼小，比什麼大？

⑧這個像什麼？

⑨這個在屬性上與那個有什麼相似？

⑩這個與那個一樣嗎？

⑪零件怎樣？有何類似？

⑫這個與什麼相異？

⑬不同之點在那裡？

⑭與之相對或相反的是什麼？

(2)匯合：選擇最有意義、價值或成功機會的主意。

5. 尋求解答（Solution－Finding）

(1)分殊：列舉選擇最佳解答或主意的標準，考慮使主意
成功或失敗的要素。必須要考慮該主意的後果：對何
人、何事會有影響。當考慮後果時，當事者可以設身

處地去體驗一下。這種設身處地設想的後果，可能導致改變所既定的標準。

舉例：前一個方法中在「需求分析」一步驟中所列的各項可以酌情採用，作為選擇最佳解答或主意的標準。

(2)匯合；正式決定所要採用的標準。

6. 接受主意（解答）（Acceptance － Finding）

(1)分殊：應用以上所決定的標準，來評選每一在第四項中所得到的主意或解答。若問題很簡單，答案很明顯這一步驟便沒有必要。

(2)匯合：實行或試用前所認為對的答案或好的主意。若是實行某種計畫，則在這階段中可以尋求各方的意見。這階段相當於其他問題解決法中的校核階段。這便是整個問題解決法中的最後階段了。

以上這個問題解決法伸縮性很高，各階段間的次序可予以變動。若以之來解決已經存在的問題，則可將各階段改為：發現問題，尋求主意（或假設），收集資料（或驗證假設），尋求解答，接受（或驗證）解答。各步驟中的各項問題也應按照問題的性質與需求加以變通。若是每一階段做完匯合之工作後，還沒有獲得滿意的效果則可再做分析之工作。同樣，若整個創造問題解決法用完之後，還沒有滿意的結果，可以重新做起或換人再做，或採用其他的問題解決法。

三、分類法

㈠分類的定義及其重要性

　　分類（classification）是一種將一堆訊息依其相似的特徵（屬性）或關係予以分門別類的方法。事物經過分類之後，人們就可將同類的事物予以歸類（to class），亦可進一步將平行的分類予以再分類。前者是最普通的分類行為。小孩稱會爬的是蟲，會飛的是鳥，就是一種歸類的行為。後者是將同一階層的各種類門予以層層分類，建立上層建築。

　　分類在人類的日常生活與學術研究中佔有很重要的地位。小至整理抽屜、草擬大綱；大至組織民眾、開創學說等，都需要分類的基本工夫。所以分類的本身是一種問題解決法，也可以是解決問題過程中的一個重要程序，但是在西方專門介紹問題解決法的文章（McPherson, 1968）或書籍（VanGundy, 1992）中，卻沒有包括分類法，也很少人有系統地學習這種工夫。只有阿普吞與森姆遜在《創造的分析》（Creative Analysis）與郭有遹在《創造心理學》與《Teaching Strategies for Developing Intellectual Abilities》等書中，介紹有分類法。以下的分類法係綜合以上各書有關的資料而成。

㈡類目分析法

　　這是劃分部分與全體、單位與類目間的關係的一種方法。這種方法可分兩種：一為匯合式的，即從一個類目推演到下一

層附屬類目時，下層類目的名稱與項目均受上層類目的內涵所限制。例如「原色」這一類目，只有紅、黃、藍三個項目可分，不能用其他的角度而分出不同的項目。另一為分析式，即從一個類目推演到次一類目時，由於上層是一個開放式的類目，下層類目的性質與項目就視分類者的目的與創新性而定。

　　應用分析法時，分類者必須具有被分析對象的基本知識方可奏功。阿普吞（Upton）及其學生森姆遜（Samson）曾經共同設計一種分類分析法以訓練學生的分類能力。這個方法的層次共分屬別（genus）、種別（species），與標本（specimens）三層。屬別與種別均包括一組在某方面具有共同屬性的標本。屬別的範圍較種別大。種別是屬別的附屬分類。在生物學，屬別與種別的地位是固定不變的。不過阿普吞所謂之屬別與種別是兩個相對的概念。若是種別之下另有分類，則此「種別」便是次層類目的屬別。假如就屬別往上層分類，各類屬別另有所屬，則此「屬別」便成為某屬別的種別了。例如辭典（屬別）之下可分社會科學大辭典（種別）、自然科學大辭典（種別）等。但辭典是參考書之種別；而社會科學大辭典再可分為心理學辭典、社會學辭典等各種種別。若就社會科學大辭典與心理學辭典兩者而論，原來是種別的社會科學大辭典便成為心理學辭典的屬別了。

　　標本是獨一無二的單位。假如在心理學辭典之下另分某氏心理學辭典、某書局心理學辭典等，則這種個別辭典便是一個標本。不過假如某氏心理學辭典另有一版、增訂版等之分，則標本亦可變成種別。

　　明乎屬別與種別、類別與標本之間的關係之後，就可以進一步討論歸類的種種步驟。歸類（sorting），顧名思義是物以類聚的一種活動。其實這只是活動的一面。當分類者從事歸類活動時，他同時也將不同類的單位予以隔離，或根據另外一種特徵而使之另成一類。

　　歸類可分兩種：一為垂直歸類；另一為平行歸類。垂直歸類是將具有同性質（或作用）的標本聚成一組，然後以該性質（或作用）的名稱作為該組的組名。這種組名稱為垂直歸類因素（vertical sorting factor）。

　　如圖 5-5 中之認別分類即為時間、空間、立體之垂直因素。而此因素平行者如儲用、歸屬等代表彼此種別間之關係者稱為平行歸類因素（horizontal sorting factor）。分類層次多於二層時，則類層與類層之品質差異便稱為運作歸類因素（operational sorting factor）。圖 5-5 就有一層運作因素。「對象」一詞即指區分認別一組中各種別間之差異；同樣，「形狀」一詞即表示立體組中各標本間之不同。不過有一必須注意者即表中以立方體等為立體之種類只不過是權且用作說明之用，並非表示立體分類之邏輯的內涵與外延。

　　運作因素可因分類的需要而異。若以形狀歸類者，就以形狀作為類目；以顏色來分者，便以顏色來作類目。這種因素原先稱為組距（range）歸類因素。後來阿普吞致信筆者改為運作因素。

　　阿普吞與森姆遜（Upton and Samson, 1961,p. 60）分類法之步驟有以下數個階段。其中用辭與第五步驟業經筆者略加修改：

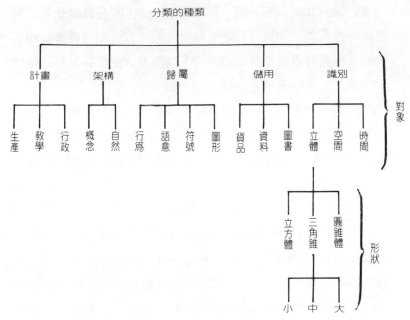

圖 5-5　垂直與平行分類圖

1. 決定分類目的。

2. 列出可能的運作歸類因素。

3. 選擇最能達到目的的運作因素。

4. 選擇適當的平行與垂直歸類因素。

5. 將單位﹙或標本﹚分組。其步驟如次：

　　(1)先根據平行因素分成大組。

　　(2)再將每一大組中的標本根據垂直因素分成小組。

　　(3)如有必要，將每一小組之標本再細分為次小組、超小

　　組等。

　　茲以上述的分類的種類為例。筆者的目的是將各種常見的
分類按照實用性分成數類（這是第一步）。如何分法便須從分類目
的、對象、方法、內涵等等各種可能因素中選取一樣作為運作
因素（第二步）。考慮結果決定以各類的「內涵」分類（第三
步）。這種運作目的決定後，便以「功用」作為平行因素（第四
步）而將分類分為認別、儲用等五類（第五步第一項）。這五類均
應以代表「功用」的名詞作為類名。否則各類名在字義上就不
平行了。最後再循第五步第二項的辦法而將垂直因素中的標本
列出。每一組的標本之間（例如空間、時間等）都有一種共同點。
其實這些垂直因素中各種標本的劃分是主觀的。用另一標準可
將認別類分為顏色認別、形狀認別、體積認別；或人物認別、
動物認別、植物認別等。

　　上述的分類法是從屬別一直推演下去的。分類者亦可採用
歸納法先將各種標本歸類成種別，然後由各種種別再組合成屬
別以完成一個架構。

　　學生在草擬論文或申論題大綱時，便須要用這種類目分析
法將所要申論之點分成數類。從事多種分類時，若是所分類的
資料比較抽象，分類者一時不能想出恰當的名詞或標題時，便
可臨時指定一個，待分組完成後，就可將各組類名予以通盤考
慮，增減類目的工作亦可在此階段辦理。

　　此外，作多種分類時，各組的類名亦須兼顧橫面的平行性
與縱面的代表性。就橫面言之，類名必須左右呼應，與平行的
類名同屬於一類，而且範圍最好亦能大致相埒。例如布侖

（Bloom, 1956）的教育目標分類中，即有「知識」一類與理解、
分析、應用、綜合、評鑑等各類格格不入。知識是智慧活動的
內容或成果；理解、分析等五類為智慧活動的過程。若將「知
識」改為「記憶」（事實上布魯姆等人所談「知識」即為「記憶」之內容），
則所有六類均屬於智慧活動一組了。這種類名不一致的現象在
文章之分類性的大綱中時常見到。有時這種不一致性是有意造
成，以突出某種因素之重要性；有時亦事非得已，必須將標本
（或材料）特多之類目抽出，單獨設一章節。但著重工整之分類
者總是盡可能使各種類名一致，以維持類名間的平行性。

其次，就縱面言之，類名之內涵必須上下聯貫，正好切合
所代表之標本。若類名含義太廣，就會包括一些反例；太窄，
則不能包括所有的正例。命名所根據的是所有標本的共同屬
性，所以分類者往往以該屬性的名稱作為類名。

第六章

主意之評鑑與決定

第一節　主意之評鑑

一、評鑑的定義

　　評鑑力和記憶力一樣，一般人都知道它是什麼，應如何用。也就是如此，它的可學性與技術性便被忽視了。甚至有的書還把評鑑力界定錯了。以首創認知教學目標分類的布倫及其研究小組將評鑑力界定為：「為了某種目的而對觀念，工作，解答，方法，材料等等作價值判斷。」（Bloom, 1956, p. 185）這個定義有兩個問題；一為評鑑的結果並不一定要作價值判斷。例如有人用認知力比較兩件東西的異同之後，而判斷這兩件東西並不一樣，醫生用認知力了解症候之後，而判斷為流行性感冒，法官聽畢案情之後而判斷某人違反某條法律，這些人都作了評定，但並沒有作價值判斷；另一為作價值判斷的人，並不一定用了評鑑力。某人可以說另一人很可愛，但又說不出所以

然，一個學生可以說一個老師不好，但又說他懂得教學。總之，評鑑力不可與價值判斷混淆。

筆者認為基爾福特對評鑑力的定義最能代表評鑑的過程。茲將在第一章所錄的定義用另外一種方式改寫如下：

評鑑力是評鑑者將受評的對象與所特定的訊息加以比較來評定該對象是否達到某種特定的目的。

這個定義共包括四個要素：評鑑者，受評的對象，特定的訊息，以及評定。各種評鑑的方法都不離以上所討論的對評鑑思考的定義。只要任何一項不合邏輯，評鑑的結果就會有問題。

二、評鑑力的要素

茲為一目了然起見，特另將評鑑思考的要素與範例簡示於表 6-1。由於評鑑的結果往往帶動了價值判斷並影響決策，因此表 6-1 中另加「價值判斷」與「決定」兩欄，以示評定與評價以及決定的異同。

表 6-1　評鑑思考的要素與範例

評鑑者	特定的訊息	受評的對象	評定	價值判斷	決定
張　三	受損的零件	所找到的零件	相同	好極	買
李　四	選擇對象的標準	結婚的對象	合適	佳偶	求婚
法　官	刑法中的規定	被控訴的行為	犯法	有罪	判罪
品管者	產品的規格	一百件產品	符合	一流	放行
聞臭師	廢氣排泄標準	所排泄的廢氣	合格	（無）	不行

　　茲選表中二個例子以說明評鑑的過程。張三汽車的零件壞
了。買新的很貴，便到處去找舊的。他找到了一個，不知是否
和舊的一樣，便將所找到的零件與受損的零件比較。在這個情
形之下，「所找到的零件」便是受評的對象，「受損的零件」
便是「特定的訊息」。比較結果之後，他評定兩者相同。邏輯
的評鑑的過程到此結束。之後說聲「好極」，乃人之常情，但
卻是可有可無，並不使評鑑過程有所缺失，也不影響以後的決
定，雖然「決定」也是評鑑的過程中理所當然的結果，但也可
以是另一複雜的過程，尤其是以評鑑者與決定者並非同一人為
然。至於聞臭師檢驗汽車的廢氣排泄成分。他雖然發現所排泄
的廢氣合乎標準，但既沒有讚美一番，也不放行，因為尚未收
到紅包。反之，他對另一部汽車並沒有評鑑就予以簽證通過。
所以評鑑的過程與決策在邏輯上雖然應該有關係，但在實際應
用上，並不見得有關係。至於為什麼要用「特定的訊息」而不
用「標準」一詞，容後另為解釋。

㈠評鑑者的選擇

　　人人都是評鑑者。當為某一特殊的目的而評鑑時，評鑑者
便可分成數類：自己、他人、上司、下屬、老師、學生、品管
者、使用者等等。無論是那一種人，評鑑者是一個最不可靠的
評鑑要素，因此必須有正確的邏輯思維方能減少評鑑的錯誤。
一個經常後悔的人，也往往是常犯各種各樣評鑑錯誤的人。所
以評鑑者應知道以下各點所應自處與選擇之道：
　　1.根據自己的年齡、能力、與處境而訂定目的。評價最主

要的目的是在檢查達到目的的程度。精明的學生或工作者就是經常在學習或工作的過程中檢視達到目的的進展。若能在大錯鑄成之前及時地調整軌道，目的仍可達到。若目的沒有達到，便可設法找出問題的所在，再接再厲，達到目的為止。若目的仍然沒有達到，則可改變，甚至放棄目的。這也還是聰明之舉。今日認知心理學家已將這種過程稱為「後設認知」（metacognition）。有的人明知不可為而為，則除了得到擇善固執、或其笨無比之類的稱號外，就只有失敗一途了。

近年在報章雜誌上經常有討論人生與快樂的文章。這些文章千篇一律地以清心寡欲為待人處事的圭臬。這種人生哲學對一般中年以後的人基本上是很好的，對於年輕的學生與有雄才大略的人並不一概適合。所謂根據自己的年齡、能力、與處境而訂定目的，一言以敝之，就是務實。青年人雖然要立大志，但這只是指人生的初期而言。立志之後，就必須以務實的眼光來評估主客觀的形勢。年紀輕而能力高者可為自己訂定遠大的目的；年齡輕而能力不高者則以勝任愉快為原則，訂定難度低的目的。不過後者若有良好的處境，如身為皇帝或大公司董事長的兒子，則不妨膽大一點，訂定稍為大的目的。假如失敗，也承當得起，並可藉此磨鍊一番。

2.評鑑者應避免受常情常理以及先入之見所圍而將自己的想法強加或不知不覺地加在所觀察的事物上。讀者不妨看完以下一則故事之後試答以下一些問題：

故事

一個生意人剛把店裡的燈關掉時，有一個男子出現而索取金錢。店主人打開收銀

機。收銀機中的東西都被奪取，而該人急忙而去。警察立即被通知了。

※以下幾個句子是：對、錯、抑或不明（？）

1. 該強盜是一男人。　　　　　　　　　　　　　　　　對　　錯　　？

2. 該人並沒有索錢。　　　　　　　　　　　　　　　　對　　錯　　？

3. 該強盜向店主索錢。　　　　　　　　　　　　　　　對　　錯　　？

4. 索錢的人奪取收銀機中的東西之後便逃走了。　　　　對　　錯　　？

　　看完這一篇故事之後。一般人所會有的先入之見是：有強盜。強盜是索錢的那個男人。而且收銀機中有錢。此外，也有很多人以為生意人就是店主人。

　　以上面各句子的答案如下：1. ？；2. 錯；3. ？；4. 錯

　　3. 學校社會經常舉辦各種競賽活動，則行政當局必須依評鑑目的而妥選客觀的評鑑者，若需要從人數眾多的用戶中選擇一些評鑑者，則尚須兼顧代表性。至於如何妥選，則依目的而定，實不勝枚舉。但亦有一般原則可循：(1)盡量選無先入之見的人：(2)多選一些評鑑者：(3)由一組富於邏輯思考的人慎選評鑑者。這種做法，人們在耳濡目染之餘，便學會在以後事業需要時，如何慎選評鑑者了。

　　4. 若在一組評鑑者所給的分數中，有極高與最低的分數分別與次高次低者相差甚遠，則不應將此兩極端分數計入平均數中，以免受極端分數所影響。

(二)界定特定訊息的方法

　　運用評鑑思考時，必須將受評的對象與某種特定的訊息加

以比較。這種特定的訊息是依受評的對象而定。它可以是標準、目的、局面、或其他物體。例如買領帶時，通常將之與價錢以及所須搭配的西裝來比。所被比者便是特定的訊息。認真的評鑑都有一套明文的而且可以測量（量化）的標準，在評鑑的過程中，評鑑者將受評對象的特徵與有關的標準加以比較以視其是否合乎標準。

1. 界定評價的目的或獲取權威性的評價標準

特定訊息是對所評鑑的對象據以比較的根據。表6-1所列舉的特定訊息只不過是九牛一毛，舉不勝舉。無論根據的是標準、目的、格局、或其他物體，從它們的共同點來看，我們都可以把它們當做評價前所預定的目的。假如是標準，則評價的目的是視評鑑的對象是否符合標準：假如是目的，則評價的目的是視其是否符合所預定的目的：假如是某一種局面，則評鑑的目的在視其是否與該局面或情境相稱。一般人都以為評價是工作的最後一道手續，其實也是最先所應計畫的工作。評價的目的就是要看工作是否達到預定的目的。

讀者也許會認為評價者當然會知道評價的目的，何必再加思考？但是糊塗的人就是在最容易的地方做錯一般人所不容易做錯的事。有的人難得糊塗一兩次，可以傳為美談，但也有人卻因此壞了大事。最好的辦法是該精明時用方法，與小孩嬉戲時不妨裝糊塗。

2. 分別長期與短期的目的

對擔當大任的人，一天要做很多重要的決定，就有器識與短視之分了。當韓信遣特使向劉邦討封假齊王時，劉邦當時勃

然大怒,心裡對此行為的評價應屬勒索之類。還好張良從旁提示,而劉邦便說要封便封真齊王。這一轉變是特定訊息的重新界定,把以前計較短期的得失的目標改成長期。因此他的決定便很有遠見了。所以古人所謂的器識,便是將評價時所用的特定訊息定位在遠期的大局上,而不是一時的榮辱。

3. 避免用錯或中途改變標準或目的

當然,一般如鑑定零件之類的評價,特定的訊息非常容易予以界定。就產品的比較來說,這一種程序應該是很容易而不會有誤的。但是常被人視為怪人的,有些是因應用常人所不用的標準而顯其怪異;也有的是用錯標準而行為失常。患有購物狂的人,不因物質需要,而是為了滿足自尊心與安全感而購物。而經銷商對這一類的現代病而用廣告與促銷術以使自卑的人用錯目的。此外,在人與事的評鑑中,由於不知不覺地變換標準,致使評鑑出了差錯而後悔莫及。這種情形,有二段詩為證:

　　　嫦娥應悔偷靈藥　碧海青天夜夜心(李商隱)
　　　忽見陌頭楊柳色　悔教夫婿覓封侯(王昌齡)

再如一個人結婚前用了一套標準,婚後變更或另加了某項標準,就會對配偶大失所望了。

4. 盡可能將標準數量化

但是在評價與決斷時,若其目的是在求榮去辱、升官發財、或滿足個人的喜好,則特定訊息自應定位在個人的得失

上。若是特定訊息只有一個，評價就比較簡單。令人困惑而猶豫難決的，通常是有一個以上的特定訊息。我們在考慮個人的得失之外，往往尚應考慮他人的、社會的或道德等因素。因此在魚與熊掌之間，便至少有三種特定訊息（標準）：個人喜好、野生生物保護、與價錢以資考慮比較。這三種標準的重要性並不均等，在實際運作時會因個人當時的心態而對某一標準特別加重，事過境遷之後，則對另一標準特別重視，以致深為後悔。所以在作重要的決定而需要考慮多項評價標準時，就必須用一至七或九之量表將標準分別依其對個人的重要性、不珍惜性、與不計價錢的程度而評分。表 6-2 中三種特定訊息的數字是假定由甲（富）、乙（中富，但很珍惜稀有動物）、丙（不富）根據九分量表所作的評分。

表 6-2　特定訊息評分舉例

特定訊息	甲		乙		丙	
	魚	熊掌	魚	熊掌	魚	熊掌
個人喜好	5	9	5	9	5	9
不珍惜稀有動物	8	8	8	1	8	8
不計價錢的程度	9	9	3	7	5	1
總分	22	26	16	17	18	18

這種評分的結果並不表示分數高出一兩分的就一定會被選擇。我們只可以說分數高出很多的，其中選的可能性就非常大。就熊掌而言，甲與乙在經濟上都不成問題，都喜歡吃熊掌。甲很不珍惜稀有動物，他在這一項的分數為八：乙則很珍

惜稀有動物，其得分為一。因此決定是否常吃熊掌的特定訊息
便是珍惜稀有動物。我們可以預測甲會常吃熊掌，乙也許會偶
而吃一、兩次。尤其是在宴會中隨俗的情形下為然，丙則會多
吃幾口。不過在這種情形下，乙與丙的特定訊息都已改變了。
前者臨時多加一項「隨俗」：後者在「不計價錢的程度」上的
分量在宴會的情形下，從一分增加到九分，在「熊掌」的總分
為廿六，較「魚」之總分高出甚多，所以一定會多吃。

　　從乙和丙的例子可知；特定訊息不但因受評的對象而異，
也因評價者環境與心態之改變而有增減。所以在緊要的情形
下，必須設法羅列合乎邏輯的特定訊息以防止受心所動。

　　5. 若欲使評價容易，應盡量使目的單純化。以清人寡欲來
減少煩惱的人，不但要減少沒必要的欲望，而且還要使目的單
純化，不要在一個目的之外另加上許多副目的。以看電影來
說，要與知己共同欣賞，便有兩個目的。這兩個目的有時難分
主副。能兼而得之，固然是人生一樂，若有人以沒有知己共同
觀看電影，或以在看電影時不能抽煙為憾，就不能清心寡欲
了。這種情形，用上述對評價思考的定義來說，便是增加了特
定訊息。

㈢界定受評的對象

　　受評的對象往往會因許多人為與疏忽等因素而使應評的未
評、不應評的受評。以下逐條先述一項處理受評對象可能會發
生的問題，然後再討論預防之道。

　　1. 受評對象紛雜，或用腦力激盪法產生各種主意之後，因

主意極多，妙計也不少，因此方寸大亂，不知如何選擇是好。
在這種情形之下，可酌情選用對比淘汰法，對比評等法與擇優
再評法等（客後詳述）先淘汰一些受評的對象，以確定所須進一
步受評的對象。

2. 受評的人、物有其他的特徵會干擾受評的對象。在這種
情形下，評鑑者必須用創造力想出適當的方法以防止干擾。對
人的某類行為或成就的評鑑，就可以盡量設法將可能干擾的屬
性不與受評的屬性共現。有許多學術刊物審評稿件時，便採取
除名編號的方式以增加評鑑的公平性。機關學校在擇人而用
時，可規定申請工作的人不必繳照片，不必填年齡、性別、家
世等與所申請工作不相關的訊息。

(四)評鑑

前述三項評價要素的方法多屬界定的性質，如慎選評鑑
者、界定特定的訊息、界定受評的對象等，都是截然可分的。
到了實際從事日常的評定的時候，各要素間經常互動而難分，
評定與決定也合而為一，尤其是心動而其他都動，取捨只在一
念之間。這種情形，尤以黑白對錯的特定訊息為然。如今價值
多元化，目的多端化，選擇（亦即評價對象）多樣化，過去屬於很
輕鬆的抉擇，現今已成為一種心理壓力了。現代還有不少人緬
懷過去一以貫之、指腹為婚的時代呢。

評鑑雖然是要經過客觀的評鑑過程，評鑑者最後總會對受
評的對象有所評斷或產生滿意或不滿意的感覺。在評鑑價值過
程中最易發生的錯誤是未經以上的客觀過程便遽以評定。以權

威的、或他人的意見為意見、或尚未經法院判決便認定被告有罪，便是不合邏輯的評價。民主國家的司法便有一套程序以防止司法人員對被告作未成熟的評鑑。

對某些人，某些事來講，評價就是決定。那一個好便選那一個。但是對優柔寡斷的人，評價與決定便不合一。他們經常為小事而患得患失，猶豫不決。考其毛病，則在於應該做評價與決定時，對原先所定的特定的訊息（目的、或考慮的因素）尚無信心，甚至臨時加上另一特定訊息，因而必須重作評價。

優柔寡斷的另一原因是具有很小的差異容忍度。本文所說的「特定的訊息」，是一個被比較的對象，它可能是一種特定的標準，也可能是一個物體。這裡所謂的「差異容忍度」乃改自基爾福特所謂之「邏輯標準」。後者會與前述之特定的訊息中之特定標準混淆。而且過於抽象，因此改為評鑑者所願接受的衡量標準。這種標準往往是利弊的衡量、可以是感覺得到的滿意度，也可以是可用數字表達的標準。滿意度包括一致性、同一性、一貫性、相似性、類屬性、相容性、相合性、相適性等等。應用何種衡量標準，全視「受評的對象」與特定的「訊息」而定。假如「受評的對象」與特定的「訊息」都是可以互相代替的零件，則所衡量的標準應是同一性，若以數字來表達，則應 100％ 相合。假如「受評的對象」是結婚的對象，則所願接受的衡量標準應為相適性。用錯差異容忍度會使比較得不到結果。或使結果不稱心滿意。假如決定結婚的對象時，所用的衡量標準為同一性，換言之，一定要與原先所定的條件 100％ 相符，則勢必一再錯過良機，後悔莫及了。

三、評鑑的方法

以上談論評鑑者、特定的訊息，與受評的對象時，已經介紹了選定評鑑者，界定特定的訊息，與選擇受評對象的方法。以下則專論比較優劣的方法。

以利弊優劣來衡量時，應該先將與目的有關的受評對象的主要屬性列出，以作為特定的訊息，然後以利弊或優劣來衡量每一個特定的訊息。必要時將特定訊息予以加權，以計算受評對象的分數。

㈠利弊優劣衡量法

這是一般人都會用的方法，似乎不必在此介紹。但是一般人用這種方法時，往往有以下一種或多種缺點：

- 非正式地在腦中比較。
- 沒有將所有重要的屬性、條件、或因素加以比較。
- 用感覺或幻想來衡量。
- 用非事實的條件來衡量。

假如所比較的因素只有一兩個，就不容易犯以上前三個毛病，假如需要作重要的衡量，則應該用表格先將與目的有關的受評對象的主要屬性（見表6-2中第一欄）列出，以作為特定的訊息，然後以利弊或優劣（見表6-2中第二欄）來衡量每一個特定的訊息。

1. 決定受評的對象

受評的對象可以是物品、主意、機會或人物等。以下所列

舉的是筆者的學生對兩種工作機會的選擇。她現有的工作是一個縣裡主管緩刑罪犯單位的副主任。她有一新的工作機會是縣裡一個兒童服務單位的主管。這個單位是向州政府申請到補助金而設立的，為期三年。三年以後，州政府有可能不再設立這種補助金，即使有，還須要重新申請。因此，她的受評對象為：

(1)留在原來的單位，擔任縣裡緩刑單位的副主任。

(2)接受新職，擔任兒童服務單位的主管。

2. 在表中左欄列出受評對象的重要的共同屬性以作為受評的屬性；也可以列出對受評對象的期望，以比較每一受評對象所可能滿足該期望的利弊。

薪水（包括每年可能加薪的百分率）

福利（假期、病假、保險等）

工作的挑戰性

升遷的機會

支援人員

從家裡到辦公機關的交通時間

對工作的勝任度

社會參與（與縣裡其他各機構的接觸）

工作安全（是否會被解聘）

個人的滿足感（包括地位與獨立性）

3. 在表 6-3 中右邊各加「優點」與「缺點」兩欄，以便各別評定並用符號記載受評對象中每一受評屬性的優劣。

4. 計算各欄中優劣符號的總數。數字高者為優。

表 6-3　受評對象各自在各屬性中優劣的比較

屬性	受評對象A		受評對象B	
	優	劣	優	劣
薪水		×	×	
福利		×	×	
工作的挑戰性		×	×	
升遷的機會		×	×	
支援人員	×		×	
交通時間	×			×
對工作的勝任度	×			×
社會參與	×		×	
工作安全	×			×
個人的滿足感		×	×	
總分	5	5	7	3

　　這個方法的另一做法是比較受評對象之間在各屬性間的優劣。在這種情形下，其表格的形式見表 6-4。

　　在表格中沒有打記號者表示不分軒輊。使用者在第一種表格中的分數都很接近時，不妨另用第二種表格比較一下以是否有顯著的差別。否則另用以下所介紹的加權法。

㈡加權式的優劣衡量法

　　這個方法是將特定訊息或受評的屬性予以加權，以計算受評對象的分數。茲以同一個例子用加權法來示範：

　　加權計算的結果乃以受評對象 B 為優。不過評鑑者可以將加權分之最高者增高至九分，而將「工作安全」一項打為九分。因此便有不同的結果了。

表 6-4　　受評對象在各屬性間的優劣比較表

屬性	受評對象 A	受評對象 B
薪水		×
福利	×	
工作的挑戰性		×
升遷的機會		
支援人員		×
交通時間		
對工作的勝任度		
社會參與		
工作安全	×	
個人的滿足感		×
總分	2	4

表 6-5　　受評對象在各屬性間的加權分數比較表

屬性	加權分	受評對象 A	受評對象 B
薪水	3		3
福利	2		
挑戰性	1		1
升遷的機會	2		
支援人員	1		1
交通時間	1		
勝任度	2		
社會參與	1		
工作安全	5	5	
滿足感	2		2
總分		5	7

註；表中之加權分數最低爲一分，表示不加權，最高者爲五分。

　　茲另以兩位作者；甲為已成名，乙則尚未成名，為其新作
選擇出版公司為例，以說明衡量優劣之運作。

表 6-6　　優劣衡量表：兩位評鑑者對兩個出版公司，A、B的評價

特定的訊息	加權分		評鑑者：甲		評鑑者；乙	
	甲	乙	A加權後	B加權後	A加權後	B加權後
名氣	1	2	1　1	0　0	1　2	0　0
版稅	2	3	0　0	1　2	0　0	1　3
經銷網	3	1	1　3	0　0	1　1	0　0
編輯協助	1	3	0　0	1　1	0　0	1　3
印刷品質	1	1	0　0	1　1	0　0	1　1
過去業績	1	1	1　1	0　0	1　1	0　0
總分			3　5	3　4	3　4	3　7
決定			選甲公司		選乙公司	

註：優劣欄中是將兩個評鑑對象：A、B兩公司與每一特定訊息比較後而得的優
劣評價。優者以 1 分，劣者以 0 分來表示。次欄便是各公司經各評鑑者加權後的
分數。

　　由於評鑑者甲已經成名，他與初出茅廬的評鑑者乙相較，
比較著重可以增加收入的品質。甲公司版稅低而經銷網多，評
鑑者甲可以藉其名氣而薄利多銷。評鑑者乙尚未成名，自知其
書之銷路不會很多，便比較著重版稅的高低。因此甲乙兩人對
各特定訊息的加權分數便不一樣。

　　表 6-6 中列有兩種評價法：一為優劣比較法，僅依優劣
利弊予以評價；另一為加權優劣比較法，它是將特定的標準根
據評鑑者本身的條件與需要予以加權。這兩種方法都可以單獨
使用。換言之，一表可分成兩表。從上表可知若應用優劣比較
法，則兩位評鑑者對兩公司在各項特定訊息的評鑑完全一樣，

而且兩公司優劣的分數完全相等。這便難以決定了。但是經過評鑑者依各人的條件而將特定訊息予以加權後，則孰優孰劣便可以數字加以比較而易於決定了。

　　以上主要是討論一般的評鑑優劣的方法。評價而後尚須作決定。一般來說，評鑑是決定的基礎。評價最高的便自然而然入選。但是遇到半斤八兩的評價，就很難予以決定了。在這種情況下，可以使用下一節所介紹的決策法來作決定。

四、結　論

　　評價思考是一種演繹思考，其方式為：

　　假如受評的對象符合特定的訊息，它便是好的。

　　某一受評對象符合特定的訊息。

　　該受評對象是好的。

　　不善於演繹的人，便絀於評鑑。絀於評鑑的人，輕則鬧出許多笑話，或者被視為怪人；重則經常後悔，甚至遺憾終生。一個人的情緒和一些人格特徵與該人之評價行為息息相關。糊塗的人，不知如何界定特定訊息（標準或目的）：時常後悔的人，經常改變特定訊息；時感不稱心滿意的人，事事都要評價：剛愎自用的人，堅持錯誤的目的；擇善固執的人，決不改變黑白分明的標準：優柔寡斷的人，則對自己的評鑑力沒有信心。聰明如諸葛亮者，事無大小，都要自己決斷。結果經常受到大量的心理壓力，其不得長壽，良有以也。

第二節　決策的方法

　　莎士比亞在《哈姆雷特》名劇中有一句常為人用來形容難以決定的名言：「To be or not to be, that is a question.」一個人一早醒來就面臨一種選擇：起床或不起床。這種決定對多數人來說是輕而易舉的。對某些人來說卻難以決定。起床之後，一個人幾乎無時無刻都在做決定。有的決定是慣性的，不必費什麼心力；有的是一種新的選擇，會有重大的影響。前者可稱之為決定：後者可稱之為決策。兩者都可稱為決斷或抉擇。在這四種選擇之間，筆者決定用決策一辭以表示在兩難之間、或在創造機會的各種行動方案之中作一選擇。不過由於決策包括決定、決斷、或抉擇，所以這四辭在本文中會因語氣的方便而交互使用。

作舍道旁

　　從前有一個沒有主張的人，在道路旁邊蓋了一棟房子，房子快要蓋好了，有一個路人從那兒經過，對他說：「要是我是房子的主人，我就不這樣蓋法。」那個沒主張的人連忙請教：「依高見該怎麼蓋呢？」「你應該把門窗的方向全部朝東，太陽一出來就射進你的臥房，這樣就可以養成早起的習慣，豈不更好！」「對呀！你的意見真寶貴，我馬上改建。」於是就把房子拆了。

　　房子第二次快要蓋好的時候，一個路人則說：
「住家的房子貴在冬暖夏涼，只有向南才能如此，向
東怎麼行呢？」「對！對！你說的真對！」於是房子
又拆了，再重建。

（《後漢書》曹褒傳）

　　有些心理學家將評價（evaluation）、判斷（judgment）、與決
定（decision）混為一談。在一個鮮有選擇的社會，或日常生活
中，這三者往往相重疊。好的就買，對（或合乎寒意）的就做。事
情要是這麼簡單，做主管的頭上便少添一些白髮了。從理論上
來說，評價是判斷受評的對象是否合乎與所特定的訊息（往往是
所應考慮到的標準或條件）的過程。假如一個人在評價時能將所有應
該考慮到的要素（標準），尤其是後果，都考慮到，則評價的過
程便是決定的過程。但是有些人要作決定時，又另外加上一些
顧慮（見「作舍道旁」一例），因此便要重新予以評價。所以我們可
以說決策是對同一受評對象以另一套標準再作評價與選擇的過
程。在各種機構中，評價者與決策者並不是同一單位。尤其是
當受評的對象不止一個時，將受評的對象予以平等，評價的任
務便算完成，如何決定，則由決策者另作評價。我國古代的狀
元，曾經有過經專家評鑑，皇帝決定的兩種程序。科舉第一
者，並不見得就是狀元。

　　此外，今日講究決策方法者，都將計畫與執行包括進去。
這就超過評價的範圍了。尤有甚者，決策者與評價者所持的態
度或人格也會有重大的差異。前者可以大而化之，後者則吹毛

求疵；前者須有承擔力，後者則依靠批判力。在大機關中，此兩者由領導與參謀分工為之。所以無論就當事人或方法而言，評價與決策都是可分的。

一、單獨決策法

㈠靈感孕育法

決策的方法由決策者來分，可分單獨決策法與團體決策法。單獨的決策可以憑直覺或靈感，也可以憑科學的方法。即使憑靈感，也有方法使靈感易於發生。據說拿破崙在戰場上要作重大決定的時候，總是到寧靜的地方去休息，然後作決定。所謂定而後能安，安而後能慮，慮而後能得。這種作法深合心理學家華勒士（Wallas）所說的創造過程法與超覺靜坐法。今日心理學家（Agor,1986,pp.49-53）已有更具體的方法去幫助主管們增加決策的靈感。其方法有三：

1. 身心放鬆法
   (1)將問題暫時放在一邊。
   (2)找一個安靜的地方休息。
   (3)清除雜念。
2. 操練腦筋
   (1)用心像（images）來引導思考。
   (2)讓主意漫無目的地流動。
   (3)練習接受「模稜兩可」「放棄完全控制」。
3. 操練分析

　　⑴與具有不同觀點的人討論問題。

　　⑵全力投注解決問題的工作。

　　⑶在作最後決定之前，再休息一下，以放鬆身心。

　以上這些方法可以使身心恢復疲勞，使心思靈活而不囿於慣見。它不能保證會有靈感發生，但卻可增加發生靈感的機會。對於無法放鬆，或不信靈感的人，則可試用以下有步驟可循的方法。

㈡決策問題解決法

　這個方法是加拿大教育家克魯普（Knoop,1987）綜合當時的問題解決法與決策的理論而發展的一套方法。他認為決策的本身就是一個問題，因此只要將一般的問題解決法加以修改，便可用以解決一般決策的問題。他的這種看法對個人的決策問題可以適用，若要求助於團體，就需要另用團體決策法。先了解這個一般決策問題解決法，對了解以後所介紹的團體決策法很有幫助。

　1.認清問題

　　⑴認清什麼是問題，什麼不是問題。真正的問題是現有與所要有之間的鴻溝。還要認清什麼是有關，什麼是無關。當有關的改變了，問題情境也會改變。

　　⑵尋找問題的真正原因，而不是問題的症候。

　　⑶假如發現有許多問題，則試想假如解決了其中一個問題（乙）是否也解決了另一個問題（甲）。若反之亦然，則其中一個問題是另一問題的症候。有時好像有

很多問題，其實是一個問題的許多症候。

2.問題分析

　(1)假如問題很清楚，則可分析之。假如問題很模糊，則
　　　分析問題的情境。

　(2)無論是分析問題或分析問題的情境，都須要搜集有關
　　　的事實與資料。搜集完備的資料有助於界定問題。

　(3)分析整體與部分，部分與部分的關係。

　(4)將部分重新予以整合。

　3.用個人腦力激盪法想出各種與解決問題以及決策有關的
主意。假如需要借助於團體，則可用團體腦力激盪法以及下文
所介紹的各種團體決策法。

　4.抉擇：在所產生的各種主意中，選擇最好的主意。我們
可以用十分量表以比較各個主意的優劣，分數越高就越優；也
可用辯證法從反面的角度來衡量。最後的抉擇則可以用以下幾
個標準：

　(1)合乎理性與邏輯。

　(2)覺得很對而又可以受到必要的支持。

　(3)很現實而具體。

　(4)成功的機會很大。

　5.落實決策：在個人事務方面，決策者往往就是執行者。
因此就有說與做不合一的問題。在機關中，決策者則往往不是
執行者，苦事與壞事都由別人來做，便產生決策與執行脫節的
問題。在另一方面，執行者並不見得了解之所以作如此決策的
原因，因此其對決策便不見得會支持，即使支持，也不見得會

全力以赴。所以在落實決策方面，必須先溝通執行者。在可能的範圍之內，使其了解決策的前因後果。然後向執行者提出一份執行計畫一覽表，表中將人、事、物、時、地、進度以及方法等盡量詳細列舉，以減少執行的錯誤與痛苦。最後，尚須擬定一個跟蹤計畫，以考核決策執行的情形與後果。

二、團體決策的原則

我們顧名思義就可知道團體決策法是以集體的方式來作決定，而其後果會影響到很多人。其實團體決策法也可以用來影響個人的抉擇。形勢心理學開山祖師勒溫（Lewin, 1968）曾經作一經典式的實驗以證明團體的決策對個人抉擇行為的影響。該實驗是要一群家庭主婦買她們所不常買的肉類，如牛心牛腎等。實驗者用講授法對三組的主婦灌輸這一類肉在經濟、營養、健康等方面的益處。另三組則在團體中表達她們的感想、異議等，然後用一種團體決策法來決定是否應該購買那一種肉類。結果發現約有 30％的主婦改變她們的舊習，而講授組中則只有三成受到影響。

這個經典的實驗廣被心理學家用來支持團體決策法的優越性。其實根據勒溫自己的解釋，那是因為參與感與團體壓力使然。由於參與討論與決定之故，若團體的決策合乎自己的意見，則個體對團體的決策便更願支持；若不合乎自己的意見，則由於參與決策，自己是團體的一部分，團體的決策便易於了解與認同。再加以團體壓力之故，個體不知不覺受其影響。此外，今日有人另用團思（groupthink）一辭以說明個人對團體的一

種同心協力而失去獨立判斷的傾向。有這種傾向的人，易於受團體壓力所影響。在政治上也有「民粹主義」一辭以指一些人有隨著情境、潮流移動的傾向。在團體中參與決策的人若有誠心擷取團體決策的智慧，應該遵守以下六項守則（Psychology Today, 1971, pp.55-56）：

1. 避免盲目地衛護自己的判斷。將你的立場以最清楚而合乎理則的方法提出，但在力售自己的觀點之前，須聽取並認真地考慮他人的反應。

2. 避免因欲避免衝突而改變你的主意，以求達到和解。只支持至少在某一程度之內，自己可以同意的解決方案。對有目的而有健全基礎的良策，則可放棄自己的立場。

3. 避免應用以下一些減少衝突的策略：以均衡，交易，或由投票、卜幣等方式決定。

4. 不同的意見是自然而可期待的，應尋求不同的意見。設法使每一人都參與決策。集思廣益可增加獲得比較恰當主意的機會。

5. 當爭議不休時，不要以誰勝誰敗的眼光來看待局面。應該繼續尋求可為大家接受的方案。

6. 達到大家都可同意的決策的三項重要因素為：討論先決條件，聽取他人的意見，以及鼓勵所有的人都參與。

以上各項原則旨在獲取團體的智慧以作決定。但是團體的決定，除了有以上所說團思的問題之外，尚有以下一些缺點必須於應用時加以避免克服：

1. 過程與決定受少數人所壟斷影響。

2. 費時過多，不能救急。

3. 有人為了保持自己或他人的面子而力爭或犧牲己見，最後忘記了原來決策的目的。

今日民主的時代，開會決定已經成為天經地義的決策方式。為首的人不但要想盡辦法借助團體來作重要的決策，而且要利用諸如國會之類的團體來作合乎己意的決定。有些主管常以民主之名，行洗腦之實。他們也有方法以達到控制決定的目的，但下文只介紹健全而又合乎民主原則的團體決策法。

三、團體決策的方法

現今所通行的決策法有很多種，本節茲介紹為各種思想庫所採用，以及受研究所評鑑的四種著名的方法：社會判斷決策法，團體獻策法、問題中心領導法與決策衡量法。以下先介紹社會判斷決策法。

㈠社會判斷決策法

早在一九三〇年代，托門與布朗斯威克（Tolman and Brunswick, 1935）就認為社會環境中有許多互相關聯、具有多種面貌、與問題有關的、無關的、部份有關、部份無關、有時有關而又有時無關的變數使人難以作正確的決斷。因此，決斷的要務便在於了解與問題有關的各種變數。後來布朗斯威克進一步發展一社會判斷原理（Social Judgment Theory）與初步的決策法以助人作正確的決斷。其方法歷經改善而最後定為以下四個步驟：

1. 領導者將界定好的問題及一些作法分發給組員。然後每一組員根據以下四個方法獨自地發展一些自己的決策法則：

   (1)訂定選擇可能決策的最低標準，以便在眾多的主意中選擇需要進一步考慮的可能決策。

   (2)訂定希望有的屬性或特徵，以便評鑑。

   (3)依屬性的重要性而給予加權分數。

   (4)不計加權分數，查出每一屬性與最後決策的關係。最好能以趨向圖表示之。

2. 討論組員在第一步驟所獨自發展的決策法則，所希望有的屬性，以及所給的加權分數。組員必須將其所做的理由告知小組。

3. 領導小組對決策法則作一決定。

4. 應用所決定的決策法則，並根據以下四項標準就領導者所提議的作法予以計分：

   (1)找出每一屬性的分數。

   (2)將該分數乘以加權分數。

   (3)將每一作法的各種屬性分數加起來便得一總分。

   (4)按總分列等，以作最後決定。

這一方法除了第一步驟中的「界定問題」一項沒有詳細說明外，其他的在大步驟中有小步驟，使沒有經驗而有頭腦的人可以按步就班地帶領小組作出決定。其缺點在於沒有集思廣議與落實決策的步驟。當領導者需要小組人員協助就已有的主意加以評分決定時，則可採用此法。

㈡團體獻策法

有一種知名度很高的決策法稱為團體獻策決策法（nominal group technique）它是先用腦力激盪法使小組人員輪流獻意，然後有限度地討論每一主意，最後以無記名投票決定之。其步驟如下：

1. 領導者將所界定好的問題寫好分發給組員。然後每一組員將自行想好的作良好決定所需要的信息與主意寫在卡片上。

2. 領導者邀請組員輪流說出其在卡片上的每一信息與主意。室內準備一大的寫字版以記錄每一組員所說的每一信息與主意。無論主意多麼荒唐，都不能予以批評。這一步驟可以有時間的限制。通常是五至十分鐘。

3. 討論（而不是辯論）在版上所記載的信息或主意。類似的予以合併，有疑義的予以澄清，同意與不同意的都予以重視。

4. 每一組員選五至九項重要的主意，用五分量表依其重要性予以評分，並將評分結果用無記名方式寫在卡片上。領導者將所有卡片都收齊之後，當眾將卡片洗一下，以確保隱秘。然後將一條條的主意寫在寫字版上的左邊，分數寫在右邊。最後算出每一主意的總分。最高分的特加記號。

5. 討論計分的結果，以使組員了解一些主意得高分或低分的原因。

6. 重複第四步驟將主意再予評分。最後的分數是各人在該
主意上的均數。

從以上的步驟可知，這個方法的關鍵在於問題是否陳述得
恰到好處，以及產生主意的方法是否應用妥當。領導小組決策
的人必須深諳問題陳述法（見以下「問題中心領導法」）與腦力激盪法
方可勝任。此外，這個方法的第三與第四步驟牽涉到評價計分
的問題。其美中不足的是在最後投票前，小組並沒有一套為整
體所同意的評分標準。這對決策的品質會有負面的影響（詳見以
後綜合討論）。

(三)問題中心領導法

邁勒（Miner, 1979）曾經根據認知心理大師邁耶（Maier, 1963）
在《解決問題的討論與會議：領導的方法與技術》（Problem-solving
discussions and conferences: leadershop methoods and skills）一書之各章中所
談的原理原則，而條析出一套「問題中心領導法」（Problem-
Centered Leadership），以供團體作決策之用。其方法如次：

1. 根據邁耶的六項原則，提出問題與相關的信息：

    (1)問題的陳述應牽涉到情境，而非行為。如何改進工作
    的安全性是情境；如何使工人更為小心是行為。後者
    對人，會傷感情，而且不易改變；前者對事，範圍較
    廣，有討論獻計的餘地，而且較後者易於改變。

    (2)領導者不應提供各種可能的解答，以便廣開言路。

    (3)使問題具有共同的興趣，以引起獻策的動機。

    (4)每一個問題只應有一個特殊的目的。

(5)問題的陳述應越簡短越好。

(6)只提供必要的信息，而不是自己對信息的解釋。

2. 初步討論情境，這一步驟的目的在於使參與人員先用感性而後用理性。領導者除了提供衛護之外，還要用以下各種方法讓小組人員表達情緒：

(1)對反抗表示同情。

(2)給予足夠的時間以表達情緒。

(3)接受情緒之表達。

(4)對所表達的情緒予以了解而不作評價。

(5)讓所有的人都參加討論。

3. 繼續討論

(1)討論問題的正負兩方面。

(2)領導者以發問的方式引導小組討論以前所未涉及的層面。

(3)討論每一決策的後果。

4. 獲得解答與決策

(1)激發各種主意或解答。

(2)評鑑各種主意或解答。

(3)可用邁耶的步驟以協助小組選擇最後的答案或決策：

①將各種可行的主意都──列出號碼。

②每人選三至五個自己所的喜歡的主意。將號碼記下即可。

③用舉手的方式算出每一主意所得的票數。

④將得到多數票的頭幾個主意再予討論以視可否予以

合併。

5. 查核決策被接受的程度

(1)領導者將最後的決定清楚地寫一摘要，正式通知組
員。

(2)問組員對摘要是否還要修改、增刪、或澄清疑慮。

在以上三種方法中，這個方法是惟一有助於界定問題、產
生主意，很適合於初學者應用。但是它用舉手投票來作決策，
則不如用分數來定高低，比較精確。由於它有機會讓組員發洩
情緒，這個步驟對於政黨在內部作決策以應付反對黨的決策，
再適合也不過了。

㈣決策衡量法

一般人每天都要作幾十個決定。做或不做，去或不去，說
還下不說等等。幸而有許多這一類的決定是公式化與自動化
的，不必用什麼腦筋。假如有一些選擇時，便比較複雜了。選
項之中若有兩三個旗鼓相當的優點與缺點時，便傷透腦筋了。
在這種情形下，一般人便會每天在工作一有空隙的時候，將這
種事情一想再想。其實能想的在頭兩次都想到了，再想也了無
新意。於是便與家人講，與朋友談。這種做法，除非他人實在
高明，有張良之才，否則其結果除了得到與人分擔心事的樂趣
外，多半是不能解決問題的。有時反而因他人互相矛盾的判斷
而更傷腦筋。

對聰明的人來說，求人不如求己。憑感覺不如求方法。在
諸多方法中決策衡量法（Janis and Mann, 1977）是團體與個人都可

以應用的方法。這個方法原在使人有系統地衡量與職業選擇以及與醫療決定有關的各種變數（其他選擇）的利弊與費用，其實只要是與衡量得失以及他人有關，它便有用。它所衡量的得失有以下各項（下稱得失要項）：

- 對自己的得失：這一項包括與選項有關的對自己的重要利弊。

- 對他人的得失：估計對受該決定所影響的人物（上司、下屬、投資者、妻子、子女等）的利弊。若人物眾多，只應包括最直接有關的人（例如家人）。例如以高價買進朋馳轎車可能對妻子有負的影響。

- 自己贊成或不贊成：有的事情，利弊互見，因此便有贊成或不贊成的比例。

- 他人贊成或不贊成：估計他人（尤其是家人）對某一決定贊成或不贊成的程度。切忌包括不受決定影響的人。

原來的決策衡量法經范甘地（VanGundy. Jr., 1988, pp.219-223）與筆者修改後而共有十四個步驟。筆者有一學生應用此法以決定是否要接受新職。茲以其例解釋各步驟如后：

1. 列出所需衡量的決策選項。有的決定只有正反兩項，有的則有多項。例如買汽車，選拔人員，決定那一項須要改革等便是多中擇一的決定。

   實例背景：我（筆者之學生）目前在本校有一臨時的工作，即將獲得教育碩士學位，現正向一些大學申請工作。我真正喜歡去的大學沒有回音，但我的母校已決定任我為審查入學申請案的輔導員。我因此便有一兩難的問題：

(1)是否就此決定接受這一新職呢？

(2)不接受。

2. 按照個人的喜好將選項評等，並且依等第的高低而將選項列出。

實例：這個例子只有兩個相斥的選擇（項），並無等次。

3. 將所須考慮的重要項目（亦即第五章所謂之「特定訊息」）列出，亦可從專家處獲取現成的項目。

接受這一新職	不接受這一新職
利	利
●不必再找工作了	●可以再找更好的機會
●該地治安良好	●現職可能會被扶正
●近於家鄉，有親友在該地附近	●現職比較專業化
●離現居三小時，搬遷容易	●可與新男友在一起
●可獲得許多私人與同事的幫助	
●很穩定	
●待遇佳	
●有機會參與其他部門的業務	
●新職自主性頗多	
●有旅行的機會	
弊	弊
＊並非很專業化的工作	＊還要再找工作
＊切斷現有的人脈	＊可能再也找不到工作了
＊並非第一與第二選擇	＊新職需出差反而不近家鄉親人
＊可能沒有挑戰性	＊若另獲新職，可能不會更好
＊可能不會轉到喜歡的職務	＊若另找到新職，可能不近家鄉親人
＊再找工作會比較難	＊不穩定
＊在無選擇的餘地下接受新職	＊所找到的新職不見得有良的工作環境
＊不能與新男友常在一起	

4. 選擇頭兩個選項，根據第三步中所選定的項目而將每一
　 個選項的優劣點列出來。必要時，可以假定已作好決
　 定，另從當事人的角度來列出兩個選項的優劣點。
　 實例：只有兩個選擇，因此這一步驟並不適用。

5. 為每一個選項畫一個如表 6-7 所示的決策衡量表。

6. 將在第三步中對頭兩個選項所列出的優缺點填入表中。
　 一個選項用一個表格。

7. 查表中所填各項是否有需要補充的地方。將需要補充各
　 點填入表中。

8. 若有可能，請專家協助查核表中所列是否尚有漏列之
　 處。
　 實例：經與同事與上司研談之後，另獲以下一些觀點：

接受這一新職	不接受這一新職
利	利
＊總算還很有面子	＊可以與在母校的舊男友分離
＊由於是新職，還是有挑戰性	＊重新開始
＊新職相當獨立	
弊	弊
＊舊男友還會糾纏	＊還要再找工作
＊回母校工作不夠體面	＊很冒險

9. 將所要考慮的各種因素依前述的四個得失要項分類，查
　 驗所列是否還有什麼新的得失要加上去。這一步驟必須
　 應用到每一選項上去（見表 6-7）。

表 6-7　　決策衡量表（未評分）

選項 A：<u>接受這一新職</u>

得失要項	優點＋	缺點－
1. 對自己有形的 得＋ 失－	不必再找工作 治安良好 近家鄉，有親友照顧 待遇佳 很穩定	並非很專業化的工作 還要再找工作 並非第一與第二選擇
2. 對他人有形的 得＋ 失－	近於家鄉，有親友在該地 附近 有機會參與其他部門的業 務	新職常需出差，反而不近 家鄉親人
3. 自己贊成＋ 或不贊成－	新職自主性頗多 有旅行的機會	不會轉到喜歡的職務 無選擇地接受新職 切斷現有的人脈
4. 他人贊成＋ 或不贊成－		不能與男友常在一起 並無直接的經驗

選項 B：<u>不接受這一新職</u>

得失要項	優點＋	缺點－
1. 對自己有形的 得＋ 失－	可能有更好的機會 現職可能會被扶正 現職比較專業化	再找工作會比較難 還要再找工作 再也找不到工作了 新職不會更好
2. .對他人有形的 得＋ 失－		
3. 自己贊成＋ 或不贊成－	表示有冒險精神 顯出我是強者	
4. 他人贊成＋ 或不贊成－	新男友贊成	

10.若另有新的要素必須加以考慮，就寫在決策衡量表的方格中。假如新的要素不在四要項之內，則可另外填入各優缺點的方格中。

11.用七分量表（1：為毫無重要性，7：代表極為重要），來評量表中每一項目的優劣。此外，將可能性高的酌情予以加分，低者減分。

12.複審所列出的選項，以視是否還有可以增減合併的地方。假如另有增加或合併，則須重複第四至第十步。

13.複審所有的決策衡量表，再將所有的選項加以評等。這次的評等還不算是最後決定，因為若另外獲得新資料或臨時改變某一項目的評分，則等次便會改變。

14.作最後決定時，選得分最高的選項。

就以上的實例而言，接受新職的優點比缺點多；不接受新職的缺點比優點多，最後當然欣然地接受新職。

以上的實例作業可能會令人有小題大作之感。這種簡單的比較，一般人只要用心算就行了，而且得到的結果會與以上的作業一樣。但是根據研究（VanGundy. Jr. 1988, pp. 222-223）顯示，用這種方法的好處有四：

(1)在兩難的情況下，就未決的大事一再反復思索，極為難受。用這種理智的方法作業，會減少決策過程中所產生的心理壓力。

(2)對自己所作的決定更為忠心執行。

(3)兼顧他人的利弊，對會影響家人的決定非常有用。

(4)對所作的決定不會後悔。

表 6-8　決策衡量表（已評分）

選項Ａ：接受這一新職

得失要項	優點＋	缺點－
1. 對自己有形的 　得＋ 　失－	短期內不必再找工作 治安良好 近於家鄉，有親友 待遇佳 很有面子	並非很專業化的工作 可能還要再找工作 並非第一與第二選擇 舊男友還會糾纏
2. 對他人有形的 　得＋ 　失－	近於家鄉，有親友在該地 附近 有機會參與其他部門的業 務	新職常需出差，反而不近 家鄉親人
3. 自己贊成＋ 　或不贊成－	新職自主性頗高 有旅行的機會 還是有挑戰性	回母校工作不夠體面 無選擇地接受新職 切斷現有的人脈 不會轉到喜歡的職務
4. 他人贊成＋ 　或不贊成－		不能與男友常在一起 並無直接的經驗

選項Ｂ：不接受這一新職

得失要項	優點＋	缺點－
1. 對自己有形的 　得＋ 　失－	容許有其他的機會 與舊男友分離 重新開始	再找工作會比較難 很冒險 新職不會更好
2. 對他人有形的 　得＋ 　失－		若另找到新職，可能不近 家鄉親人 若另找不到新職，必須與 家人同住
3. 自己贊成＋ 　或不贊成－	表示有冒險精神 顯出我是強者	不穩定 所找到的新職不見得有良 好的工作環境
4. 他人贊成＋ 　或不贊成－	會被認為有正式的 工作了	

　　結論：根據一些比較研究的結果（Toseland, Rivas, Chapman, 1984），社會判斷決策法要較團體獻策法與問題中心領導法產生更好的決策。有的研究顯示社會判斷決策法要較團體獻策決策法更能獲得團體的共鳴，有的則正好相反。在對方法本身的滿意度來說，社會判斷決策法要較其他兩種為優，團體獻策決策法最差。但是後者並不是全無是處。假如領導者期望小組可以作有限度的主意交流，不太會有衝突而會獲得較多參與者共鳴的，便可用團體獻策決策法。

　　本節介紹了一種個體決策法以及四種團體決策法。這些方法各有優缺點，並不是對所有的問題與情境都能適用。採用的人可以化個體決策法為團體決策法，亦可化團體決策法為個體決策法。取長補短，去蕪創新，此為應用方法之道。此外，所有的決策法都著重信息。富於創造性的決策者可以製造信息，改變情境以使決策成為可行。這種策略（例如疑兵計，空城計）常為兵家所使用。在商業方面，則有以下一個例子：

同樣信息，不同決定

　　相傳有兩家台灣製鞋業派員到非洲作調查市場。有一人回來說該地人民都不穿鞋，毫無市場可言，不應在非投資。另一人則建議引導非洲人穿鞋，以開拓市場。這兩人得到同樣的信息，卻作不同的決定，是因為後者要改變現狀，以使決定可行。

所以，以上的任何一種決策法中，都可以另加一個步驟：假如

可以改變情境，則應如何決定。當然，據此所作的決定就必須
在執行時設法將情境予以改變。換言之，決策者可以創造機會
以支持其所作的決定！

附錄一
方法大綱

　　茲將本書所介紹的解決問題各步驟所可用的方法以大綱的
方式羅列如下。在每一綱目下所列的方法只表示達到該目的最
適用的方法，方法本身的用途不受該綱目所限制。產生主意的
通用方法可以用來產生主意，也可以用以發現問題。此之所以
稱爲通用的方法。一切方法都可以加以變通。所以，變通是一
切方法的方法。將以下的大綱與本書的目次對照，便可以很快
地找到在本書所介紹的地方了。除此之外，請讀者再將序言看
一遍，以了解方法之功用與限制。

　　一、產生主意的通用方法

　　　㈠應變力之培養
　　　　1.培養求變態度之一般方法
　　　　2.針對思想閉塞之原因以謀補救之道
　　　㈡集思廣益法
　　　　1.口述式的腦力激盪法
　　　　　⑴傳統式的腦力激盪法
　　　　　⑵角色激盪法

2.筆寫式的腦力激盪法

    (1)壁報題詞法

    (2)六三五筆寫法

    (3)先寫後談法

㈢概念激盪法

1.聯想法

    (1)六 W–H 法

    (2)共通性聯想法

2.比擬法

    (1)戈爾登的比擬法

    (2)第波諾的比擬法

    (3)列舉式比擬法

3.觸類旁通法

    (1)隨機輸入法

    (2)類目分殊法

    (3)特徵分析法

㈣訊息修改法

1.字義的重新界定

2.功用重新界定法

3.辯證法（反其道而行）法

4.動詞提示法

5.角色扮演法

二、發現問題的方法

　　㈠審問法

　　　1. 向上歸類法

　　　2. 自我查問法

　　　3. 屬性枚舉法

　　㈡組合法

　　　1. 強迫組合法

　　　2. 目錄法

　　　3. 羅列法

　　　4. 形態分析法

　　㈢宏願法

　　　1. 夢想法

　　　2. 機會發現法

　　㈣潛在問題分析法

三、問題的分析與界定

　　㈠因素分析

　　　1. 原因的發現

　　　　(1)因果分析

　　　　(2)主因分析

　　　　(3)正負力量分析

　　　2. 架構套用法

　　　　(1)一般的架構套用法

㈡特殊問題解決法

　　1.衝突問題解決法

　　2.發明問題解決法

　　3.創造性問題解決法

　　4.分類法

五、解答之評鑑與決定

㈠主意之評鑑

　　1.評鑑力的要素

　　　⑴評鑑者的選擇

　　　⑵界定特定訊息的方法

　　　⑶界定受評的對象

　　　⑷評鑑

　　2.評鑑的方法

　　　⑴利弊優劣衡量法

　　　⑵加權式的優劣衡量法

㈡決策的方法

　　1.單獨決策法

　　　⑴靈感孕育法

　　　⑵決策問題解決法

　　2.團體決策的方法

　　　⑴社會判斷決策法

　　　⑵團體獻策法

　　　⑶問題中心領導法

(4)決策衡量法

附錄二
參考書目

Adams, J. L. (1974). Conceptual blockbusting. New York: Freeman.

Agor, W. H. (1986). How top executives use their intuition to make important decisions, ***Business Horizons, 29,*** pp. 49－53.

Allen, M. S. (1962). Morphological Creativity: The Miracle of Your Hidden Brain Power. Englewood Cliffs, N. J.: Prentice Hall.

Amabile, T. M. (1985). Motivation and creativity: effects of motivational orientation on creative writers. ***Journal of Personality and Social Psychology, 48,*** 393－399.

Anderson, T. H. (1980). Study strategies and adjunct aids. In R. J. Spiro, B. C. Bruce, & W. F. Brewer, (Eds.). ***Theoretical issues in Reading Comprehension.*** Hillsdale, N. J.: Erlbaum.

Armbruster, B. B., Echols, L. H., Brown, A. L. (1983). The role of metacognition in reading to learn: a developmental perspectives, ***Volta Review, 84,*** pp. 46－56.

Bandura, A. (1971). Psychological modeling. Chicago: Aldine-Atherton.

Cambel, J. A. & Willis, J. (1978). ***Modifying components of "creative be-***

havior" in the natural environment. Behavior Modification, 2, 549-561.

Barron, F. (1955). The disposition toward originality. In C. Taylor, and F. Barron (Eds.) *Scientific creativity: its recognition and development,* (pp. 139-152). New York: John Wiley.

Barron, F. (1969). *Creative Persons and Creative Process.* New York: Holt, Rinehart and Winston.

Beloff, H. (1958). Two forms of social conformity: acquiescene and conventionality. *Journal of Abnomal and Social Psychology, 56,* 99-104.

Bond, N. A. (1955). An experimental study of transfer effects in human problem solving. Unpublished doctoral dissertation, University of Southern California.

Bosticco, M. (1971). Creative techniques for management. London: Basic Books.

Bouchard, T. J. (1971). Whatever happened to brainstorming. *The Journal of Creative Behavior, 5,* 182-189.

Brown, A. L. (1980). Metacognitive development and reading. In R. J. Spiro, B. C. Bruce, & W. F. Brewer, (Eds.). *Theoretical issues in Reading Comprehension.* Hillsdale, N. J.: Erlbaum.

Christensen, P. R., Guilford, J. P. & Wilson, R. C. (1957). Relations of creative responses to working time and instructions. *Journal of Experimental Psychology, 53,* 82-88.

Costa, A. L. (Ed.). (1985). *Developing minds: a resource book for teaching thinking.* Alexandria, VA: Association for Supervision and Curriculum Development.

Crawford, R. P. (1954). The Techniques of Creative Thinking. New York: *Hawthorn Books.*

Crutchfield, R. S. (1961). Detrimental Effects of Conformity Pressures on Creative Thinking. *Psychologische Beritrage, 6,* 464–471.

Crutchfield, R. S. (1963). Conformity and creative thinking. In H. E. Gruber (Ed.) *Contemporary approaches to creative thinking.* Atherton Press.

Crutchfield, R. S. (1969). Nurturing the cognitive skills of productive thinking. In L. J. Rubin, (Ed.) Life Skills in School and Society. ASCD 1969 Yearbook, Washington, D. C., Association for Supervision and Curriculum Development.

deBono, E. (1968). The Five-day Course in Thinking. London: Penguin Press.

deBono, E. (1968). New Think. New York; Basic Book

deBono, E. (1978). Opportunities: A handbook of business opportunity search. New York: Penguin Books.

de Bono, E. (1992). Sur/ petition. New York: HarperBusiness.

Dillon, J. T. (1982). Problem finding and solving *Journal of Creative Behavior, 16,* 97–111.

Duncker, K. (1945). On problem solving, *Psychological Monographs,* 58, No. 5.

Einstein, A., & Infeld, L. (1938). The evolution of physics. New York:

Simon & Schusler. Quoted from Getzels, J. W. & Csikszentmihalyi, M. (1975). From problem solving to problem finding. In I. A. Taylor, & L. W. Gezels, (Eds.), *Perspective in Creativity* (pp. 90−116). Chicago: Aldine.

Farra, H. (1988). The reflective thought process: John Dewey revisited. *Journal of Creative Behavior, 22,* 1−8

Gentile, J. R., Frazier, T. W. & Morris, M. C. (1973). Instructional applications of behavior principles. Monterey, CA.: Brooks／Cole.

Getzels, J. W. & Csikszentmihalyi, M. (1975). From problem solving to problem finding. In I. A. Taylor, & L. W. Gezels, (eds.), *Perspective in Creativity* (pp. 90−116). Chicago: Aldine.

Getzels, J. W. & Jackson, P. W. (1962) Creativity and Intelligence. New York: John Wiley.

Gordon, W. J. (1961). Synectics. New York: Macmillan.

Glover, J. A., & Gary, A. L. (1976). Procedures to increase some aspects of creativity. *Journal of Applied Behavior Analysis, 9,* 79−84.

Goetz, E. M. & Baer, D. M. (1973). Social control of form diversity and the emergence of new forms in children's blockbuilding. *Journal of Applied Behavior Analysis. 6,* 209−217.

Gordon, W. J. J. (1973). The Metaphorical Way of Learning and Knowing (2nd Ed.) Cambridge, Mass.: *Porpoise books.*

Griggs, R. E. (1985). A storm of ideas. Reported in Training, 22, P. 66.

VanGundy, Jr., A. B. (1988). Technigues of structured problem solving. (2nd Edition). New York: Van Nostrand Reinhold, p. 163.

Guilford, J. P. (1959). Traits of creativity. In H. H. Anderson (Ed.). Creativity and its cultivation. New York: Harpers.

Guilford, J. P. (1963). Intellectual Resources and Their Values as Seen by Scientists. In C. W. Taylor & F. Barron (Eds.), Scientific Creativity: Its Recognition and Development. (pp. 101–118). New York: John Wiley.

Guilford, J. P. (1967). The Nature of Human Intelligence. New York: McGraw-Hill.

Hammond, G., McClelland, H., and Mumpower, J. (1980). Human judgment and decision making: theories, methods and procedures. New York: Praeger Publishers.

Hansen, J. and Pearson, P. D. (1983). an instructional study: improving the inferential comprehension of good and poor fourth-grade readers. *Journal of Educational Psychology. 75,* 821–829.

Herber, H. L. (1978). Readings in the content areas (Test for teachers). Englewood Cliffs, N. J.: Prentice-Hall.

Hull, C. L. (1952). A behavior system. New Haven: Yale University Press.

Innovation Problem Solving Team, (1986). Innovation, innovators, implementors: keys to product leadership. Rochester, NY: Xerox Corporation.

Isaksen, G. S. & Parnes, S. (1985). Curriculum Planning for Creative Thinking and Problem Solving. *Journal of Creative Thinking, 19,*

1-29.

Jacubczak, L. & Walters, R. H. (1968). An experimental investigation of suggestibility in terms of dependency behavior. *American Psychologist, 13,* 328.

Janis, I. L. & Mann, L. (1977). Decision Making. New York: The Free Press.

Jansson, D. G. (1980) Generating new ideas. In Y. T. Li (Ed.) Technological innovation in education and industry. New York: Van Nostrand Reinhold.

Jensen, J. V. (1978). A heuristic for the analysis of the nature and extent of a problem. *Journal of Creative Behavior, 12,* 168-180.

Kepner, C. H. & Tregoe, B. B. (1965). The Rational Manager. New York: McGraw-Hill.

Klausmeier, H. J. (1986). *Educational psychology.* (Fifth Ed.). New York: Harper & Row.

Knoop, R. (1987). A method for solving problems. *Education Canada.* *27,* 19-25.

Krop, H. (1972). Training originality in elementary school children. Proceedings of the 80th Annual Convention of the American Psychological Association, 509-510.

Kuo, Y. Y. (1976). Teaching Strategies for developing intellectual abilities. The East-West Culture Exchange. Muncie, IN.

Larkin, J. (1983). Research on science education. In A. M. Lesgold and F. Reif (Eds.). Computers in Educastion: Realizing the Potential. Washington, D. C.: Office of the Assistant Secretary for Edu-castional Research and Improvement. Theoretical perspectives on creative learning and its facilitation: an overview. *The Journal of Creative Behavior, 17,* 9–17.

Lewin, K. (1968). Group decision and social change. Chap. in E. E. Maccoby, T. M. Newcomb, & E. L. Hartley, *Readings in Social Psychology.* New York: Holt, 197–211.

Li, Y. T. (Ed.), (1980). Technological innovation in education and in-dustry. New York: Van Nostrand Reinhold.

Mackinnon, D. W. (1962). The Personality Correlates of Creativity in Study of American Architects. *Proceedings of The Fourteen Con-gress on Applied Psychology, 2,* 11–39.

McClelland, C. E. (1961). The achieving society. Princeton, N.J.

McPherson, J. H. The People, The Problems and The Problem solv-ing Methods, Midland, Mich: Pendell Company, 1967.

McPherson, J. H. (1968). The people, the problems, and the problem solving methods. Journal of Creative Behavior, 2, 146–152.

Maier, N. (1963). Problem-solving discussions and conferences: leader-ship methods and skills. New York: McGraw-Hill.

Maier, N. R. F. (1970). Problem solving and creativity in individuals and groups. Belmont, CA: Brooks-Cole.

Maloney, K. B., & Hopkins, B. L. (1973). The modification of sentence structure and its relationship to subjective judgments of creativity in writing. *Journal of Applied Behavior Analysis, 6,* 425–434.

Maltzman, I. (1955). Thinking from a behavioristic point of view. *Psychological Review, 62,* 275—286.

Maltzman, I., Bogartz, W., & Breger, L. (1958). A procedure for increasing word association originality and its transfer effects *Journal of Experimental Psychology, 56,* 392—398.

Maltzman, I., Brooks, L. O., Bogartz, W., & Summers, S. S. (1958). The facilitation of problem-solving by prior exposure to uncommon responses. Journal of Experimental Psychology, 56, 339—406.

Maltzman, I. (1960). On the training of originality. *Psychological Review, 67,* 229—242.

Mansfield, R S., & Busse, T. V. (1981). The Psychology of Creativity and Discovery. Chicago, IL: Nelson-Hall.

Maslow, A. H. (1956). Self-actualizing People: A study of psychological health. In C. E. Moustakas, (Ed.) The Self (pp. 160—194). New York: Harper & Row.

Maslow, A. (1963). The Creative Attitude. *The Structurist, 3,* 4—10.

Maslow, A. (1970). Motivation and Personality (2nd ed.). New York: Harper and Row.

Mednick, S. A. (1962). The associative basis of the creative process. *Psychological Review, 69,* 220—232.

Miner, F. C., Jr. (1979). A comparative analysis of three diverse group decison making approaches. *Academy of Management Journal. 22,* 81—92.

Olton, R M. & Crutchfield, R. S. (1969). Developing skills of productive thinking. In H. Mussen, J. Langer, & M. Covington, (Eds.) *Trends and issues in developmental psychology.* Holt, Rinehart, and Winston.

Osborn, A. (1963). Applied Imagination. New York: Charles Scribner's Son.

Parnes, S. J. Creative Behavior Guidebook. New York: Charles Scribner's Sons, 1967.

Parnes, S. J. & Noller, R. B. (1973). Toward Supersanity: Channeled Freedom. Buffalo, NY: D. O. K. Publishers.

Parnes S. J., Noller, R. B., & Biondi, A. M. (1977). Guide to Creative Action. New York: Charles Scribner's Sons.

Perkins, D. N. (1988). The possibility of invention. In R. J. Sternberg, (Ed.), *The Nature of Creativity.* Cambridge: Cambridge University Press.

Polya, G. (1945). How to solve it. Princeton, N. J.: Princeton University.

Pryor, K. W., Haag, R., & O'Reilly, J. (1969). The creative porpoise: training for novel behavior. *Journal of the Experimental Analysis of Behavior, 12,* 653−661.

Psychology Today, (1971). Decisions, decisions, decisions. Psychology Today, 55−56.

Rickards, T. (1974). Problem-solving through creative analysis. Epping, Essex, Great Britain: Gower Press.

Roe, A. (1949a). Analysis of group Rorschachs of biologists. *Rors-*

chach Research Exchange and Journal of Projective Techniques, *13,* 25–43.

Roe, A. (1949b). Psychological examinations of eminent biologists. *Journal of Consulting Psychology, 13,* 225–246.

Roe, A. (1951). A Psychological study of physical scientists. *Genetic Psychology Monographs, 43,* 121–235.

Roe, A. (1952). The Making of a Scientist. New York: Dodd, Mead.

Rogers, C. R. (1961). Toward a theory of creativity. In On Becoming a Person (pp. 347–362). Boston, Ma.: Houghton Mifflin.

Rossman, J. (1931). The Psychology of the Inventor: A study of the Patentee. (New and rev. ed.) Washington, D. C. Inventors Publishing Co.

Schachtel, E. G. (1959). Metamorphosis. New York: Basic Books.

Simonton, D. K. (1988). Scientific genius: a psychology of science. New York: Cambridge University Press.

Skinner, B. F. (1957). Verbal behavior. New York: Appleton-Century-Crofts.

Skinner, B. F. (1972). Cumulative record: a selection of papers. New York: Appleton-Century-Crofts.

Skinner, B. F. (1974). About Behaviorism. New York: Vintage Books.

Sloane, H. N., Endo, G. T., & Della-Piana, G. (1980). Creative behavior. *The Behavior Analyst, 3,* 11–22.

Subotnik, R. F. (1988). Factors from the structure of intellect model associated with gifted adolescents' problem finding in science: research with Westinghouse science talent search winners. *The Journal of Creative Behavior, 22,* 42−54.

Taba, H., Levine, S. & Elzey, G. Thinking in Elementary School. USOE Cooperative Research Project No. 1574. San Francisco, Cal.: San Francisco State College 1964.

Taba, H. Teaching Strategies & Cognitive Functioning in Elementary School Children. Cooperative Research Project No. 2404. San Francisco State college, 1966.

Taylor, C. W. (Ed.). (1958). The 1957 University of Utah Research Conference on the Identification of Creative Scientific Talent. Salt Lake City: Univ. of Utah Press.

Tolman, E. C. & Brunswick, E. (1935). The organism and the causal texture of the environment. *Psychological Review. 42,* 43−77.

Torrance, E. P. (1962). Guiding creative talent. Englewood Cliffs, N. J.: Prentice Hall.

Torrance, E. P. (1966). Torrance tests of creative thinking: *Norms-technical manual, research edition.* New Jersey, Princeton: Personnel Press.

Toseland, R. W., Rivas, R. F. & Chapman, D. (1984). An evaluation of decision-making methods in task group. Social Work, July-August, pp. 339−346.

Toynbee, A. (1946). *A study of history,* 2 vols, abridged by D. C. Somervell. New York: Oxford Univ. Press.

Toynbee, A. (1964). Is America neglecting her creative minority? In

C. W. Taylor (Ed.), Widening Horizons in Creativity (pp. 3-9). New York: Wiley.

Treffinger, D. J. Isaksen, S. G., & Firestein, R. L. (1985). Theoretical perspectives on creative learning & its acilitation: an overview. *Journal of Creative Behavior, 17,* 9-17.

Udall, G. G., Baker, K. G., & Albaum, G. S. (1976). Creativity: necessary, but not sufficient. *Journal of Creative Behavior, 10,* 92-145.

VanGundy, Jr., A. B. (1988). Techniques of structured problem solving. (2nd Edition). New York: Van Nostrand Reinhold.

Vroom, V. H. & Yetton, P. W. (1973). Leadership and Dicision Making, Pittsburg: University of Pittsburgh Press.

Wallach, M. & Kogan, N. (1965). Modes of thinking in young children. New York; Holt.

Washton, N. S. (1967). Teaching science creatively: a taxonomy of pupil questions. *Science Education, 51,* 428-431.

Webster's New international dictionary, 3rd ed. s. v. "problem."

Weinstein, C. E., & Underwood, V. L. (1985). Learning strategies: the how of learning. In J. Segal, S. Chipman, & R. Glaser, (Eds.). *Thinking and learning skills: relating instruction to basic research,* Hillsdale, N. J.: Erlbaum.

Weisberg, R. W. (1986). Creativity, genius and other myths. New York: Freeman.

Woods, M. F., & Davies, G. B. (1973). Potential problem analysis: a systematic approach to problem predictions and contingency planning—an aid to the smooth exploitation of research. R & D Management, 4, 25—32.

Xerox Corporation. (1989). *Leadership through quality processes and tools review.* Rochester, N. Y.: Xerox Corporation.

國家圖書館出版品預行編目資料

創造性的問題解決法／郭有遹著.-- 初版.--
臺北市：心理，1999（民 88）印刷
面；　　公分.--（資優教育；6）
ISBN 978-957-702-090-1（平裝）

1. 創造心理學

176.4　　　　　　　　　　　　88000289

資優教育 6　創造性的問題解決法

作　　者：郭有遹

總 編 輯：林敬堯

出 版 者：心理出版社股份有限公司

社　　址：台北市和平東路一段 180 號 7 樓

總　　機：(02) 23671490　　傳　　真：(02) 23671457

郵　　撥：19293172　心理出版社股份有限公司

電子信箱：psychoco@ms15.hinet.net

網　　址：www.psy.com.tw

駐美代表：Lisa Wu　　tel: 973 546-5845　　fax: 973 546-7651

登 記 證：局版北市業字第 1372 號

印 刷 者：翔盛彩色印刷有限公司

初版一刷：1994 年 7 月

初版六刷：2006 年 10 月

定價：新台幣 250 元　　■有著作權・侵害必究■

ISBN-13 978-957-702-090-1
ISBN-10 957-702-090-9

讀者意見回函卡

No. _____　　　　　　　　　　填寫日期：　年　月　日

感謝您購買本公司出版品。為提升我們的服務品質，請惠填以下資料寄回本社【或傳真(02)2367-1457】提供我們出書、修訂及辦活動之參考。您將不定期收到本公司最新出版及活動訊息。謝謝您！

姓名：_____　性別：1□男　2□女

職業：1□教師 2□學生 3□上班族 4□家庭主婦 5□自由業 6□其他_____

學歷：1□博士 2□碩士 3□大學 4□專科 5□高中 6□國中 7□國中以下

服務單位：_____ 部門：_____ 職稱：_____

服務地址：_____ 電話：_____ 傳真：_____

住家地址：_____ 電話：_____ 傳真：_____

電子郵件地址：_____

書名：_____

一、您認為本書的優點：（可複選）

　❶□內容 ❷□文筆 ❸□校對 ❹□編排 ❺□封面 ❻□其他_____

二、您認為本書需再加強的地方：（可複選）

　❶□內容 ❷□文筆 ❸□校對 ❹□編排 ❺□封面 ❻□其他_____

三、您購買本書的消息來源：（請單選）

　❶□本公司 ❷□逛書局⇨_____書局 ❸□老師或親友介紹

　❹□書展⇨____書展 ❺□心理心雜誌 ❻□書評 ❼其他_____

四、您希望我們舉辦何種活動：（可複選）

　❶□作者演講 ❷□研習會 ❸□研討會 ❹□書展 ❺□其他_____

五、您購買本書的原因：（可複選）

　❶□對主題感興趣 ❷□上課教材⇨課程名稱_____

　❸□舉辦活動　❹□其他_____　　　（請翻頁繼續）

心理出版社 股份有限公司

台北市 106 和平東路一段 180 號 7 樓

TEL: (02) 2367-1490
FAX: (02) 2367-1457
EMAIL:psychoco@ms15.hinet.net

沿線對折訂好後寄回

六、您希望我們多出版何種類型的書籍

❶□心理 ❷□輔導 ❸□教育 ❹□社工 ❺□測驗 ❻□其他

七、如果您是老師，是否有撰寫教科書的計劃：□有□無

　　書名／課程：＿＿＿＿＿＿＿＿＿＿＿＿＿＿＿＿＿＿＿＿

八、您教授／修習的課程：

上學期：＿＿＿＿＿＿＿＿＿＿＿＿＿＿＿＿＿＿＿＿＿＿＿＿

下學期：＿＿＿＿＿＿＿＿＿＿＿＿＿＿＿＿＿＿＿＿＿＿＿＿

進修班：＿＿＿＿＿＿＿＿＿＿＿＿＿＿＿＿＿＿＿＿＿＿＿＿

暑　假：＿＿＿＿＿＿＿＿＿＿＿＿＿＿＿＿＿＿＿＿＿＿＿＿

寒　假：＿＿＿＿＿＿＿＿＿＿＿＿＿＿＿＿＿＿＿＿＿＿＿＿

學分班：＿＿＿＿＿＿＿＿＿＿＿＿＿＿＿＿＿＿＿＿＿＿＿＿

九、您的其他意見

＿＿＿＿＿＿＿＿＿＿＿＿＿＿＿＿＿＿＿＿＿＿＿＿＿＿＿＿

謝謝您的指教！　　　　　　　　　　　　　　　62006